マーケティング・アンビション思考

嶋口充輝　石井淳蔵　上原征彦
恩藏直人　片平秀貴　竹内弘高

角川oneテーマ21

はじめに

地球環境やエネルギー資源の問題、人口構造の変化と高齢化、不安定化する国際経済や主要プレイヤーの盛衰、個人主義の進展など、21世紀に入って以降、社会経済構造が大きく変わりつつある。こうした構造変化のなかで、自らの成長を目指す企業の経営課題も大きな変革を余儀なくされているが、その企業のあり方を方向づける舵取り役がマーケティングである。

社団法人日本マーケティング協会では、世紀の節目にあたり、21世紀型経営の主要課題やマーケティング革新のあり方を探求するために「マーケティング・イノベーション21」(略称MI21)プロジェクトを発足させ、以来、新しいマーケティング・パラダイムを求めて2回にわたる大規模調査を行い、今日に至っている。

当プロジェクトの出発点となったパートIは2000年に行われた調査だが、新世紀に当たってわが国の経営者が、経営・マーケティングの主要課題として何を捉《とら》えているかを探るプロジェクトで、そこで抽出されたキーワードこそが、「マーケティング・アンビション」であった。優れた経営は、「常に**アンビション**を堅持し、**顧客満足**を軸に、**スピード**ある事業運営」を目指すことが重要課題であると位置づけられたのである。

また、その約五年後に実施されたパートⅡでは、事業部長による経営的マーケティング課題を探った。そこでは事業成功のキーワードとして「マーケティング・リテラシー」が抽出され、その中身として「市場ニーズをいかに収集理解し、組織内に普及させ、それへの迅速な反応行動をとるかという一体的な市場志向の組織能力」の重要性が明らかにされた。

そして、この10年近くにわたるMI21パートⅠ・Ⅱを改めて振り返って見たとき、全体を包括するコア・コンセプトになっている思想こそが、パートⅠで明らかにされ、本書のテーマとした「マーケティング・アンビション」であると再認識された。未来を創造する企業は常にその経営・マーケティング思想のなかに、未来構想を大枠的に方向づける大志、夢、志、野望などを表すアンビション（ambition）を必要とする。アンビションは特に今日の日本企業の経営に求められる包括的なキーワードであり、経営の積極性と未来志向を示す成功企業の条件なのである。

とはいえ、アンビションは単純・簡潔であるものの、それゆえに極めて多義的で多様性のあるコンセプトであり、その実体を明確に捉えるのが難しい。そのため本書では、このマーケティング・アンビションについて、ＭＩ21パートⅠに参画したコアのプロジェクト・メンバーによって、「なぜ今、マーケティング・アンビションの時代なのか」を含め、その内容、重要性、課題、方法などを、解題的に論じてもらった。

その結果、本書は２００１年11月に『柔らかい企業戦略』と題して発行されたが、パートⅡで得られた知見なども含めて、時代に見合う若干の手直しを施し、改めて世に問いたいと考える。

なお本書は、時代を先導するマーケティング研究者たちのアイデアをベースにまとめられたものであるが、そのためのヒアリング・執筆の多く、そして全体編集は株式会社エフの赤城稔氏にお願いした。また、ＭＩ21のパートⅠ、パートⅡの大規模調査に参画してくれた武蔵大学経済学部准教授の黒岩健一郎氏には、マーケティング・アンビションを軸にしたＭＩ21プロジェクト全体の包括的な発見と未来課題を最後にまとめていただいた。さらに、社団法人日本マーケティング協会事務局の藤武喜久治氏、渡邉養一氏、伊豆丸祐一氏には、MI21プロジェクト全般ならびに本書出版に当たって、いろいろな労をお取りいただいた。記して感謝したい。

最後に、本書改訂版のアレンジをしていただいた角川書店第一編集部、原孝寿氏に心からお礼申し上げたい。

MI21プロジェクト・チームを代表して

2008年秋

嶋口充輝

目次

第1章　戦略アンビションの時代

●21世紀の企業に求められること

世界における日本経済の地盤沈下は目をおおうばかりである。地球温暖化、エネルギー価格の高騰、中国経済の台頭、人口の老齢化、社会不安と個人主義の進展など急激に変化する社会状況、経済状況に適切な対応をしないまま、日本は旧態依然とした構造、経営手法のまま突き進んでいる観がある。今、日本経済は、新しい出口に至る光明とパラダイムシフトを必死に模索している。

21世紀に入り、日本企業は一体何をやってきたのだろうか。高度成長時代に展開した多角化・膨張政策を改め、合理化を求めて集中と選択をストイックに推し進めてきた。アメリカ型グローバルスタンダードの影響を受け、財務的な経営指標を崇《あが》め、コスト削減や人員削減による合理化を推し進めてきた。しかし、それらは内に向かった努力、効率化が中心であり、売上の上がらないゼロサム型の経済下で、必死に利益を出そうとしてきた試みである。こうした努力により、利益の捻出《ねんしゅつ》や競争力の回復を模索してきたが、その試みは大枠としてさほどうまくいかなかった。

それもそのはずである。企業経営の内なる効率化は、むしろ企業成長の源泉である市場需要や顧客創造能力を減退させ、その結果、事業の永続性を不安定なものにしてしまうものだ。しかも、このグローバル競争の時代に、日本企業はかつてのコア・コンピタンス、つまり、独自の競争能力の多くを失いつつあるのである。

そうした低迷する社会経済環境の下で、企業に何が求められるのであろうか。今強く求められる課題は、組織内の効率ではなく、外に向かう強く明確な意志である。効率化のみの追求ではなく、たとえそれが短期的には非効率なものであろうとも、企業の未来を創造する先行投資としてさまざまの方策を実行していかなければならない。そのためには、自分たちが組織として何をしたいか、何をなすべきかを、もう一度外に向かって問う必要がある。これこそがアンビションという言葉に込められた意味である。

進化する企業は、常に頭上に垂れこめた黒雲を突き破って、その上にある無限のブルースカイを求めるものである。内への努力で疲弊してしまった組織を、もう一度、外に向かって夢を追う形に仕立て直さなければならない。

●形態主義から機能主義へのパラダイムチェンジ

1960年に、『ハーバード・ビジネス・レビュー』誌にセオドア・レビットが「マーケティング・マイオピア」(マーケティング近視眼)と題した論文を発表した。いまや、マーケティング関係者なら誰もが知るこの論文は、まさに経営におけるパラダイムチェンジを世界にもたらした。それ以前の経済体制の中では、企業というものは皆、自分たちの生業を規定し、それをしっかり守ることによって営々たる企業の成長をはかろうとした。それに対してレビットは、鉄道産業や映画産業という巧みな例を挙げて、時代はそうした考え方を否定し始めたことを告げた。レビットは、「自分たちが身を置く生業というものは、時代に特定された限定的なもの」であると警告したのだ。

今日的に言えば、レビットのたとえは「機能と形態」の違いを示している。事業の機能とは、その事業の役割や目的を指し、形態はその役割・目的を果たす具体的手段となる。

レビットのたとえを使うと、鉄道産業が衰退した理由は、鉄道会社という「形態」が旅客や貨物の需要ニーズを満たすという「機能」を忘れ、その手段である「形態」に固執したからだと説明できる。さまざまな交通手段、輸送手段が発達する中で、人々は好きな手段を選択、することができるようになる。ところが鉄道産業は、顧客が求める「機能(ニーズ)」に着目せず、あくまでも一つの「形態」にすぎない鉄道という手段に自らの存在価値を規定し、固執することで、鉄道屋から抜け切ることができなかった。鉄道を発達させることには必死であったが、自らの事業、存在価値（機能）を輸送事業ととらえ直し、再定義することができなかったのである。

そこでレビットは言う。「経営者の使命は、（手段にすぎない）製品を生産することにあるのではなく、顧客を作り出すための価値（機能）の満足感を提供することにある」と。

レビットはこうした製品偏重、生業をベースとした事業構築を近視眼的マーケティングと呼んだ。そして、そうした近視眼から脱するためには「創造的破壊」を必要とし、事業の定義を顧客価値中心にとらえ直すことで、永続的な成長産業の基礎が築かれる。まさに、彼は内から外に向かった大転換を提唱したわけで、これこそ50年前に起こったパラダイムチェンジ思想の中身であった。この考え方は、1960年代、経済界から圧倒的な支持を受け、その後の高度成長に貢献したことは周知の如くである。

●集中と選択の時代はなぜ必要だったのか

しかし、レビットの指摘にも問題がないわけではなかった。鉄道産業を輸送産業としてとらえ直すという視野の拡大は、時に、無理な多角化と膨張政策をもたらしてしまったのだ。実際には、「我々は輸送産業だ」と規定し直したとしても、鉄道会社が明日から突然航空産業に参入できるわけではない。しかし、新しいブルースカイを求めて、無限のかなたに向かって新しい事業を築けという号令は、近視眼を追いやったが、今度は遠視眼、いわば、「マーケティング・マクロピア」になってしまうのだ。

そこで、改めて「事業の定義」という側面が強調されることになる。「集中と選択」の時代である。たとえばエーベルという研究者は次のような指摘をする。「高度成長の波に乗って、何でもかでも多角化で手を出すのではうまくいかない。そうした意味では、レビットの指摘には正しくないところもある。自分たちの持っている技術とか独自の能力などを考えないで市場に向かって行くのは危ういからだ」というのだ。事業を定義するには、誰に、何を、という市場のニーズも必要だが、自らが持っている独自能力も勘案したうえで、顧客を選定してそこに自分たちの事業を築けというわけである。わかりやすく言えば、市場ニーズと競争上の独自性を発揮した「事業ドメイン」や「戦略的事業コンセプト（事業がユニークに満たすニーズ）」が大事だという意味になる。

たとえば1960年代のコカ・コーラは、一見、味覚や清涼感を強調した製品に偏重しているように見えるが、彼らには当時それだけではない事業コンセプトがあった。詳細は第2章で語られるが、それは「人々の手の届くところにリフレッシュメントの機会を提供する」という、戦略的な事業コンセプトだ。事業のコンセプトをそのように戦略的に定義することで、コカ・コーラは人々の手の届く範囲に商品を置きまくるという流通戦略に重きを置くことになる。今にいうサプライチェーンマネジメント（SCM）である。あらゆるレストランや小売店にコカ・コーラを置き、さらに自販機網を充実させる。徹底した現地主義と売り損じを防ぐルートセールスの手法を確立し、そのビジネスシステムを世界に向けて展開したのである。

●戦略的な意図＝アンビションが求められる時代背景

さらに、時代が下がってくると、「確かに戦略的事業コンセプトや事業ドメインも重要だが、その上流に位置すべき、事業を大きく方向づける思いが必要ではないか」という主張が注目を浴びるようになる。1989年に『ハーバード・ビジネス・レビュー』誌に登場した、ハメルとプラハラードによる「ストラテジック・インテント」（戦略的な意図）という考え方である。成功して躍進している会社を見てみると、「自分たちはこうしたいという意図」が明らかに存在する。彼らは、戦略的に設定した意図以上に企業は成長し得ない、という考え方を明確にしたのである。本書でいう『アンビション』に近い発想である。

一般に企業は未来の成長を目指して行動するが、成長企業と衰退企業の大きな差の一つとしてこのアンビションの有無が作用している。ハメルとプラハラードは、「後発で市場に参入して世界的なリーダーシップを握った企業の経営者の中には、用心深く慎重すぎる人物は滅多にいなかった」と説明した後で、撤退企業の研究で常に発見できる点は、「理由のいかんにかかわらず、その経営者たちに経営計画や既存の資源の範囲を超えた目標、つまり大胆な目標へ挑戦しようとする意欲がなかったことだ」と指摘する。

野心や大志のない保守的な目標は、イノベーションへの刺激や情熱を引き出すことがなく、効果的な未来の方向性を組織に与えることもない。

その後、この論議の先に、スタンフォード大学の二人の教授、コリンズとポラスによる「ビジョナリーカンパニー論」などが登場する。長期的に成長し、誰からも尊敬されるような超優良企業は、「長期的な未来に向かって、独自のビジョンを堅持し、自らの意志を強く出す組織能力を磨く」ことが重要だとされたのである。ここでのビジョンはアンビションに通ずるものである。このようなアンビションは強烈な創業者を冠としたベンチャー企業において重要だということは、誰もが指摘する。しかし、それだけに留《とど》まらず、大企業がグループ経営を強化し、さまざまな事業会社を持てば持つほど、やはりそれらを方向づけるアンビションが明確であることが求められる。そうでなければ、企業に対する求心力も低下してしまうからである。

●理念、硬い戦略と柔らかい戦略というとらえ方

ではここでいうアンビションとはどのようなものとして、とらえるべきであろうか。25ページの図を見ていただきたい。

事業の運営や経営は、一般に三つの系（システム）が三位一体的にすすめられる。理念、戦略、実行の系である。

理念とは組織全体の普遍的な精神的支柱や行動規範を意味し、戦略は厳密な未来行動への方向づけと資源配分を、そして実行はその戦略の実践（価値実現）を意味する。この三つの系のうち、かつてアメリカが信奉したのは要素還元的な分析アプローチによる戦略である。要素還元とは、端的に言えば、ツリー構造で問題を細分化していくことで分析を施

し、経済的な因果関係を明らかにし、対策を講じる手法をいう。これに比べて、日本人が慣れ親しんできたそもそもの戦略方法論はホーリスティックなものである。つまり、もっと全体を見て判断しようとするわけだ。ここで、前者の戦略を「硬い戦略」と呼ぶと、アンビションは、いわば後者の「柔らかい戦略」の中心コンセプトになる。

ただ、かつての日本企業の理念は、たとえば「和」「誠実」、「努力」や「社会奉仕」「道と経済の合一」、などというふうに、非常に抽象度が高いものだ。しかもこれらは社是・社訓として社内に向かって行動規範を示す言葉が多い。しかし、アンビションは、むしろ外に向かって何をしたいのかの方向性を示し、実効性の高い柔らかい戦略性を持って発せられるものでなければいけない。そこで、従来の理念やビジョンなどとは一線を画すために、「戦略的アンビション」（以下、単にアンビションとする）という言葉を使うほうがよさそうである。

では、硬い戦略と柔らかい戦略の違いは何か。硬い戦略が狭い意味で目的が明確で、そのために誰が何を行うべきかという行動計画も明確に規定されているのに対して、アンビションはベクトルを明確にするものの、そのための具体的な方法論や厳密な機能的役割分担までは規定しない。組織の構成員がそのベクトルに従って、自分が何をなすべきかを考

硬い戦略と柔らかい戦略

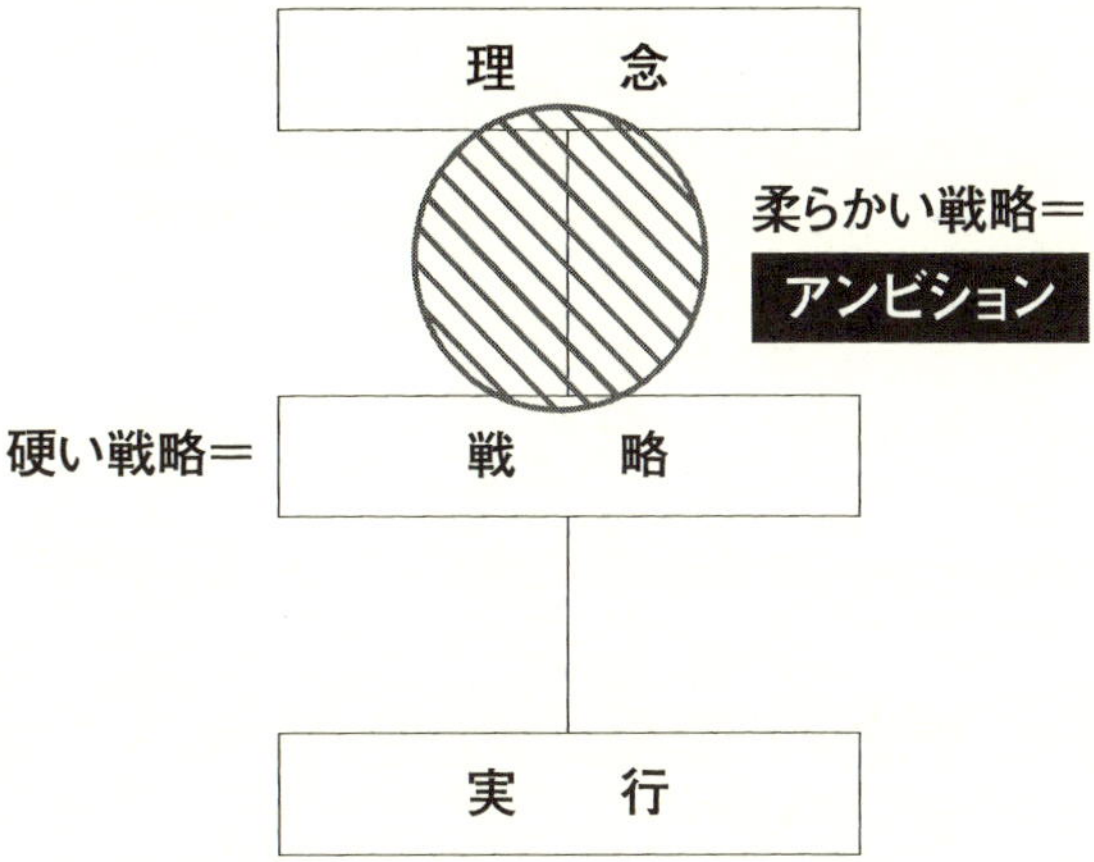

える自由発想、創意工夫の余地を残した戦略なのである。そのため、アンビションは組織の歴史性を加味したうえで、将来、組織が進みうるアバウトな方向性を示すもので、そこには遠大かつ大胆な夢や思いが含まれることが要求される。

イノベーションは、過去の実績や歴史性を否定したところで生まれるという考え方があるが、必ずしもそうとは言い切れない。多くの場合、イノベーションは組み合わせや改良の延長線上で起こるものだからだ。ここがアンビションの難しいところだ。大胆でかつ遠大でなければ意味がないが、今までの自分を全否定しては何も生まれないし、組織の構成員を刺激して、彼らの暗黙知を活性化しなければならないが、さりとて実行が難しい難題であってもいけない。

アメリカの得意技は、かつて分析的な硬い戦略にあった。しかし近年、そうしたアメリカにも変化がある。先に示したコリンズとポラスが提唱した「ビジョナリーカンパニー論」とは、結局、どんなに素晴らしい戦略計画を作っても、大きなビジョン、夢とか理念なりを自分たちなりに追求している会社でなければ、営々と成長を続けられるビジョナリーカンパニー——金メダル中の金メダルになるような会社にはなれないという主張だ。逆にかつての日本企業は、確固たる戦略もないままに抽象度の高い社是・社訓型の理念で経営をしてきた。勤勉で優れた同質の民族だから、阿吽《あうん》の呼吸も成り立つし、戦略がなくてもやってこられたという面がある。皆で調整しあってお神輿《みこし》経営でやっていけば、戦略は後から何とか炙《あぶ》り出せたからだ。しかし、もはやそうした時代ではない。組織に働く人びとの価値観も同質ではない。質の高い勤勉性も失われた。となれば、もう少し明確な戦略を打ち出す方法論を学ぶ必要がある。極めて単純化した言い方をするなら、かつてのアメリカン・スタイルは図の下（戦略系）から、日本型は図の上（理念系）から、柔らかい戦略に向かって歩み寄りを始めているようである。

●アンビションには、上質の絵姿が必要だ

　では、そのようなアンビションにはどのようなものがあるか。いくつか実際の例を挙げてみよう。

　アンビションの意味を理解しやすくするため、まず国家レベルのアンビションと、地方行政レベルのアンビションを挙げてみる。

　国家レベルのアンビションには、たとえば「富国強兵」（明治政府）、「所得倍増計画」（昭和の池田内閣）、「アポロ計画」（米国のケネディ政権）、「情報スーパーハイウェイ」（米国のゴア副大統領）などがある。また地方行政レベルでは、「一村一品運動」（大分県の平松知事）が典型的だ。いずれもその内容を改めて説明する必要はあるまい。どれも目的は明確で、遠大かつ大胆なベクトルが定まっている。しかも、簡単ではないが、実効性が伴っていたことは歴史が証明しているし、細部にわたり誰が何をすべきかまでは規定されていない。そして、これらをもう一度見直したときに、アンビションにとって極めて重要なある要素が浮かび上がってくる。

　ハメルとプラハラードは、「ストラテジック・インテント」において、戦略的な意図の

明確化によって新たな成長段階を築いた代表的な企業として、キヤノン（複写機）とホンダ（乗用車）を挙げている。その理由は、アンビションにある。キヤノンのアンビションは「ゼロックス打倒」という野心的アンビション、ホンダのアンビションは「第二のフォードに」という夢的アンビションであった。

アンビションは時代に翻弄《ほんろう》される。しかし、アンビションは、多くの場合、アバウトで多義的・多様性を持つため常にそこで重視されるのがメタファーや具体像なのだ。目標の投影像、つまりこうありたいという実体性を示すためのたとえやイメージ像だ。誰もがその言葉を聞いただけで、そのゴールとなる絵姿を想像できる。

もちろん、その絵姿の細部は人それぞれ違っていい。その絵姿が細部を構成する戦略の生みの親になるからだ。その投影像によって、共通の目的を理解できればそれでかまわないからだ。アポロ計画においては、ケネディ大統領の演説を思い出すまでもなく、誰もが「月面」を想像するだろう。ただし、たとえばそこに築かれる都市の絵姿は人それぞれだ。情報スーパーハイウエイならば、ハイウエイのように張り巡らされたＩＴネットワークをイメージするだろう。このように、アンビションには投影像が必要なのである。「ゼロックス打倒」「第二のフォードに」といったスローガンも、複写機の代名詞であったゼロックス、初めて全世界に大衆車を普及させたフォードという目標像を具体的に示している。創業や出発時の時代性を考えれば、アンビションとしての要件を十分に備えていることがわかる。

現在の困難さは、成熟化社会において、この絵姿を描きにくいということだ。そこで、多くの組織は考えあぐねている。そうした中で、一つのヒントとなるかもしれないのが、慶應義塾《けいおうぎじゅく》大学の湘南《しょうなん》藤沢キャンパスの例である。湘南藤沢キャンパスの創設時のコンセプトは、「未来からの留学生」であった。どういうことか。このキャンパスの10年後、20年後の卒業生が社会のリーダーとして活躍する。そうした絵姿をイメージして、そのために今、何をしたらいいかを考え、施設・設備を整備し、カリキュラムを組みましょうという意味だ。そうしたコンセプトから、最低限、情報武装は必要だろうということで、IT化を促進した。未来の問題解決能力を高めるためには、心理学とか社会学といった既存の学問的枠組みにとらわれる必要はなくなるだろう。しかし、それにしても「未来からの留学生」というのはもう一つ、わかりにくい。ところが、湘南藤沢キャンパスの実質的な創設責任者にそのイメージを聞いたところ、「未来のスピルバーグのような人間を作りたいんだ」とおっしゃった。

スピルバーグというのは、上質のメタファーだ。人それぞれイメージするスピルバーグには、微妙にずれがあるだろうが、それでも「なるほど」とうなずける共通のイメージがある。しかも、ビル・ゲイツではなく、スピルバーグなのがいい。こういうメタファーや具体像が重要なのだ。たとえばビジネススクールのコンセプトを考えるとする。「我々はプロフェッショナルな未来の経営者を養成したい」。では、そのプロフェッショナルのイメージはどのようなものか。一般的には、ロジカル・シンキングができて、問題解決能力のある人、リーダーシップを発揮できる人、などという。間違いではないだろうが、それだけではよくわからない。結局、その絵姿をイメージできないからだ。それがたとえばスピルバーグといわれれば、よくわかる。共通のイメージがあるが、同時に多面性を提供できる、それが重要なのだ。

アンビションは、部外者とコミュニケーションできる内容でなければいけないのだ。そうした意味では、かつて小泉内閣が打ち出した「聖域なき構造改革」はキャッチフレーズとしては優れているが、絵姿が見えにくい。抽象度が高く、創造的破壊の創造が見えてこない。比べて、「一村一品運動」はユニークだ。各町村が誇れる一品を、その当事者たちが創意工夫して探し出し、育成していこうというものだ。中央が「どこは何」と割り振るのではなく、自分たちが創意工夫をして、「私たちが考えたらこうなった」という絵姿探しをしていく。それこそが、アンビションが目指す柔らかい戦略性なのである。

●コア・コンピタンスは玉ねぎのようなもの

昨今、競争力の源泉として、中核的な組織能力としてのコア・コンピタンス論が盛んに議論されている。まさにその企業の中核となる誰も真似できない強みである。それはある特定の技術力かもしれないし、人々をひきつけるブランドの強さかもしれない。しかし、実は企業の競争上の強みというものは、それが何かわからないほど模倣しにくいため強いものである。実際、名だたる成功企業の強みを分析しようとしても、深く分析すればするほど、なぜそれで強いのかがわからなくなる場合が多い。つまり、どんなに厳密な分析ができたつもりでも、その会社の真似はできない。技術の優秀さ、価格の安さ、広告のうまさ、チャネル統制力などとアイテムをあげつらうことはできても、それだけでは何の解決にもならない。つまり、真のコア・コンピタンスは、玉ねぎのようなものだと思う。一見、芯《しん》があるように見えるが、剝《む》いていくと何もなくなる。コアがない。それこそ、西洋的な要素還元的分析手法では解き明かすことのできにくいものなのだ。すべてが仕組みとして有機的に絡み合って、コア・コンピタンスと呼ばれる強みを作っている。だから、文化とか組織風土とかいった言葉、あるいはコーポレートブランドなどのブランド論に置き換えざるを得なくなる。その強さは、その企業の経営者や社員にも明確には語れない。そうしたものがコア・コンピタンスであると思う。

コア・コンピタンスを即物的な特定の技術力や特許、あるいは価格の安さなどととらえるならば、時代とともに、そのコア・コンピタンスが更新され、あるいは拡張されなければ競争優位性を長続きさせることはできない。しかし、コア・コンピタンスを玉ねぎのような有機的な結合ととらえるならば、時代に翻弄されることのない強みとなり、そこから育まれた歴史性を重視した、新たなイノベーションを創出することができるはずだ。そういう点から見れば、丸ごとの組織の強さであるコア・コンピタンスを大枠的に想定し、新たなコア・コンピタンス創造を方向づける試みこそ、アンビションだといってよい。

第2章　マーケティングの使命は夢を売ること

●マーケティングのミッションとは

出井《いでい》伸之氏が1995年にソニーの社長に就任早々、「リ・ジェネレーション（第二創業）」とともに、「デジタル・ドリーム・キッズ」というスローガンを掲げた。デジタル時代に育ち、デジタル技術への進歩に目を輝かせる顧客の夢をかなえたい、という意味が込められていた。また、ソニーグループの求心力の一つに、We help dreamers dream がある。

トヨタは、Drive Your Dreams というスローガンを掲げた。ホンダは The Power of Dreams だ。日本を代表する企業、しかも、マーケティングに長《た》けているといわれるこれらの企業が、揃って『ドリーム』という言葉を使った。

この背景には、時代性があることは間違いない。20世紀は人類の進化の世紀だった。産業革命からIT革命に至る過程で、我々は大いにワクワクしていた。それこそ、ドリームキッズだった。しかし、時は無常なもので、人類はいとも簡単に21世紀を迎えてしまった。時代は、政治的にも環境的にも経済的にも、あの夢見ていた21世紀とは違い、現実の21世紀は決して明るい見通しを我々に与えてはくれない。「21世紀こそは」という希望を募らせ始めていたのに、すべてが窮屈で、我々は自信を持って先に進むのを躊躇《ちゅうちょ》している。

こんな時、もう一度「夢」を語るというのは、極めて真っ当なことであろう。

ここで、改めてマーケティングのミッションについて考えてみようと思う。マーケティングは戦略論や企業が有するその他の機能戦略に比べ、極めて異質な存在であることは明らかだ。その他の機能戦略とは、たとえば技術であり、財務であり、会計であり、人事労務、あるいは生産といった諸活動を指す。何が異質なのか。それは、その他の機能が現実の積み重ねの上に成り立つものであるのに対して、マーケティングのみがリアルな積み重ねを必要とせず、夢を追いかけているからにほかならない点だ。その意味で、マーケティングとはそもそも極めてアンビシャスなものなのだ。

2000年の調査において、我々は日本はマーケティングにおいて後れを取っているという認識のもとに、マーケティングの復権、あるいは再建を念頭に置いていた。不況になると、リアルでないマーケティングはなおざりにされる傾向がある。

ただでさえ、今、日本はもとより、世界は不況の真っ只中《ただなか》にある。日本経済は間違いなく疲弊している。加速するデフレ・スパイラル、そして失業。アメリカ経済の失速。成熟化社会の到来とグローバルスタンダードと呼ばれる荒波にもまれ、日本経済に出口は見えにくい。構造改革というお題目が声高に叫ばれるが、改革すべき構造すら、定かには見極められていない。

そんな時こそ、人々に夢見る力を与えることができるマーケティングの力を信じたいと、我々は思ったのだ。マーケティングだけが、リアルを無視して、人々の希望を大きくジャンプさせることもできるものだからだ。

たとえば技術分野も、確かに人々に夢を与えることができる。現在ならたとえばバイオテクノロジーに人々は期待している。健康で長寿を全うする人生を夢見ている。しかし、技術は事実を積み重ねるしかないものだから、革命はそう簡単には起こらない。

●消費者のウォンツを技術革新と結びつける

大上段に構えるまでもなく、企業は、顧客に対して夢を与えたいと考えるはずだ。そうすることができれば、顧客とのつながりはよりエモーショナルなものになり、より深く結びつくことができる。

かつて、レブロンの会長を務めていたチャールズ・レブソン氏の名言がある。「我々は、工場では化粧品を作っている。しかし、お店では希望を売っている」というものだ。顧客は、単に商品を買いにくるのではなく、その商品を通して、希望を買いにきている、というのだ。この言葉こそ、企業のあるべき姿を指し示している。

では、マーケティングはいかにして夢を売るのか。これには三つの側面がある。

一つは、画期的な新製品という形を持った夢だ。たとえばテレビ、自動車、ウォークマン、パソコン、携帯電話などを思い浮かべてもらいたい。それらはいずれも画期的な商品であり、人々に夢を与え、生活を変えた。もちろん、これらの商品には技術革新が必要な場合が少なくない。しかし、マーケッターが夢見る未来絵図が先行する場合も多い。マーケッターと技術者が、不可能を可能にしたものたちだ。これをマーケティング的に考察するならば、消費者の潜在的なニーズやウォンツを掘り起こし、現実化していく作業であるといえる。

中でも私は、今でも昭和28年、街頭テレビで力道山《りきどうざん》を見たことを鮮烈に覚えている。父親が新しもの好きだったので、ほどなく出回り始めたテレビを購入した。するとしょっちゅう、近所の人たちがテレビを見に我が家に集まってきたものだった。当時としては、そのぐらい画期的なものだった。自動車も同じだろう、あるいは携帯電話も我々の生活を一新した。

これらの商品は、その商品の用途を通して、ライフスタイルを変えた。それこそ、類稀《たぐいまれ》なマーケッターが信念に裏打ちされたアンビションを持って、想像し、技術者とともに創造した商品なのだ。

●スターバックスが目指した非日常の演出

マーケティングが与え得る二つ目の夢の形は、すでに存在している商品なりサービスに新しい意味を与えることだ。これは消費者の潜在的なニーズやウォンツを引き出すというよりも、期待値を塗り替える作業に近い。これらの例は、サービス産業に目を転じるとわかりやすい。

たとえばスターバックスコーヒーがある。コーヒーチェーンは日本においてもたくさんある。広くこれを喫茶店ととらえれば、何も珍しいものではない。では何がスターバックスを特異な存在ならしめたのだろうか。それは、日常の中にある非日常の演出である。

ハワード・シュルツ会長は、このコーヒーチェーンのコンセプトを、Safe harbor for

people to go、人々が安心して立ち寄れる避難場所と言った。「スターバックスのブランド価値は、製品や商標だけにあるのではなく、スターバックスの店での体験へのある種の信用と信頼感にもある」とシュルツ氏は説明する。つまり、スターバックスのミッションは、顧客にどの競合店よりも、安心とより良いエクスペリアンスを与えることなのである。だから、「スターバックスは、ストレスを鎮める場所」だと説明される。マーケティング担当の上級副社長であったスコット・ベッドベリー氏は、かつてこのように言った。「そこは、インスピレーションが湧《わ》くように設計された場所でなければいけない。多くの人々は、1杯のコーヒーを飲みながら考え、知恵を絞り、創造力を発揮させようとするのです」

そこでイメージされるのは、家庭、仕事場に次ぐ、第三の居住空間であるという。アメリカの郊外の家には必ずあるといってもいい、フロント・ポーチなのだともいう。人々はそこで、ロッキングチェアでくつろぎながら、ひと時の安らぎを得る。そんなオアシスなのだ。

ここにあるのは、たとえそれが昔懐かしい日常であったとしても、現代のこのストレスとスピード感に満ちた生活の中にあっては、非日常の空間演出なのである。リアルではあるが、むしろバーチャルな世界の創造なのである。夢のあるシーンの提供だ。こうした試みは、マーケティングにしかできないことだと思う。顧客の信頼をそういう形で創造していくというのは、非常にエキサイティングなことだとも思う。

だからこそ、2008年現在、米国内の600店舗閉鎖を発表したことを受け、全国各地で街の中心的存在である「我が街のスタバを救え」という存続運動まで巻き起こっているのだ。

●ディズニーランドが目指した普遍的な夢

非日常の演出といえば、ディズニーランドに勝るものはない。ディズニーランドも、アミューズメント・パーク（遊園地）の一つではある。その意味では、1955年にディズニーランドがオープンしたときでさえ、決して新しいサービスではなかった。しかし、ディズニーランドは今もそのときも、画期的な存在であり続けている。ウォルト・ディズニー氏が、ディズニーランドの構想を得たのは、二人の娘を遊園地に連れて行ったときのことだった。

「私の娘たちが、まだきわめて小さかった頃、土曜日はいつもパパの日だったので、私は二人をメリーゴーラウンドに連れて行き、娘たちが乗っている間、ベンチに腰掛けてピーナッツを食べて過ごすのが日課だった。そんなある日、自分たちの光景に疑問を持ったのだ。何か、両親と子供たちが一緒に楽しめるような、ファミリー・パークというようなものを作る必要を感じたのだ」とディズニー氏は説明した。

ディズニー氏は、生涯を通じて、会社の戦略的な方向を自らすべて決定し、企画したことで知られる。そうした彼のコンセプトは、常に、普遍的で時間を超えた家族的なエンターテインメントを創造することにあった。彼は常々、こう言っていた。「ただ子供たちだけを目標とするならば将来はない。それに、いずれにしても、大人というものは大きくなった子供なのだから」と。

彼はつまり、アメリカの、そして世界中の家族の期待を具現化したのである。非日常的な空間において、理想とする日常を演出したのである。非日常空間の演出というマーケティング戦略においては、こうした逆転の発想がことのほか多い。原点回帰と呼べばいいか。

●コカ・コーラのマーケティングは信者を創った

マーケティングが与え得る三つ目の夢の形は、象徴である。これは、エモーショナルな形を持って現れる。ある意味では信仰に近い世界である。

マーケッターの願望は、常にリピート・カスタマーの創造である。つまり、顧客ロイヤルティの最大化だ。そして、ある時期を境に、宣伝よりもむしろクチコミでそのブランド価値が広まっていく。価値が拡大しながら伝播《でんぱ》し、思いも寄らないところで再生産されることをマーケッターは夢見る。私たちは今、企業におけるマーケティングについて考えているが、そうした意味でマーケティングは、それこそ宗教にも、さまざまな運動にも、政治にも有益な効果を与えるものなのである。つまり、伝導はマーケティングの一側面であるといえるわけだ。まさに、信者を創《つく》り出すことが、マーケッターの最高の栄誉でもあるのだ。その商品が提供する価値が、顧客にとって人生の根幹をなす一部にまでなり、生きがいとなることとすらあるのだ。

あまりにも有名な二つの会社を例として挙げよう。コカ・コーラとハーレーダビッドソンだ。

世界中での成功をほしいままにするコカ・コーラだが、危機がなかったわけではない。

たとえば、1983年に発表したコカ・コーラの味の変更が危機を呼んだ。400万ドルをかけ、19万人を調査した結果の決断であったが、大変な失敗であった。多い日には1日8000本の電話が鳴り、合計すると4万通の手紙が殺到したのである。そのすべてがオールド・コカ・コーラのいわば信奉者たちからのクレームである。デモや署名運動まで各地で繰り広げられた。マスコミもこのニュー・コーク反対運動に参加した。この結果、ニュー・コーク発売から3カ月も経たないうちに、コカ・コーラ社は「コカ・コーラ・クラシック」の名前で従来の味を復活させた。その日だけで、1万8000本の感謝の電話が鳴ったという。

ドナルド・キーオ社長（当時）は、「お客様がコカ・コーラという製品に対して、これほど深い感情を持っていたとは、我々の理解を超えていた」と語った。こんな便りも寄せられた。「古いコークは、良きアメリカの愛の象徴である。聖書が一つしかないように、エルビス・プレスリーが一人しかいないように、他人が真似をしようと試みたが、コークは一つしか存在しない」というものだ。

コカ・コーラは、アメリカ人にとって、まさにアメリカの象徴であり、アメリカン・ウエイ・オブ・ライフの象徴であり、民主主義の象徴であり、平等の精神の象徴なのである。

コカ・コーラがアメリカの象徴として深く根付いたのは、第二次世界大戦中のことである。真珠湾攻撃の直後、当時のCEO、ロバート・ウッドラフ会長は、戦時体制下の経営方針を発表した。それは、「我々は、いかなるコストがかかろうとも、米兵が世界中のどこにいようとも、5セントでビン入りのコカ・コーラが飲めるようにする」というものであった。

その経営方針を現実のものとするため、ボトリング工場がヨーロッパ各国はもちろん、インド、フィリピン、オーストラリアと相次いで設立された。しかも、工場が建てられない場合には、ジープの後ろに移動式のボトリング・ユニットを取り付けてまでコークを戦地に送ったのである。海外にいる米兵にとって、コカ・コーラはまさに「神からの贈り物」であった。それぞれの憩いのひとときを過ごし、故郷を想《おも》い、スカートをイメージしたビンの形から連想される愛《いと》しい人を想い、家族に想いを馳《は》せたのだ。アトランタの本社には、「何のために戦っているかと聞かれたら、我々の半数は、『母国でもう一度、コカ・コーラを買うため』と答えるだろう」という便りまで送られてきたという。

当時の広告には、このような言葉を読み取ることができる。

Even with war and so many Coca-Cola bottling plants in enemy-occupied countries, our fighting men are delighted to find Coca-Cola being bottled in so many places all over the globe.

このコスト無視の政策の成否は、その後のコカ・コーラ社の繁栄を見れば、一目瞭然《りょうぜん》だ。ロイヤルティの向上とともに、世界制覇のためのインフラを手に入れたのである。

しかもコカ・コーラは、民主主義の象徴にもなった。ベルリンの壁の崩壊以来、コカ・コーラ社は旧共産圏の国々に熱烈な歓迎を受けて進出した。経済的な投資効果もさることながら、彼らにとって、コカ・コーラのボトリング工場を誘致することは、民主主義の確立と市場経済への移行を目に見える形で表す絶好の演出効果を期待できたからだ。こんな逸話もある。ポーランドにあるアトランタ・バーという店先に集まった群衆が、コカ・コーラの赤いルートカーを見て拍手喝采《かっさい》を浴びせたというものだ。民主主義がやってきたのである。

コカ・コーラはまた平等の精神の象徴でもある。そのことについては、アンディ・ウォーホルの次の言葉が有名だ。

「コークはコークであって、いくらお金を持っていても皆と同じコークしか飲めない。リズ・テーラーだって、大統領だって、ホームレスだって、誰もが同じコークを飲んでいる」というものだ。

コカ・コーラがこれらの象徴になるまでには、長い年月をかけての宣伝活動、コカ・コーラ・コレクションの普及、ＩＯＣとのパートナーシップに代表されるスポーツ振興の精神など、数々のマーケティング戦略が大きな効果を挙げていることは言うまでもない。しかし、その背後にはトップの思いや使命感があることを忘れてはならない。

●ハーレーダビッドソンの復活を支えたもの

ハーレーダビッドソンは、言わずと知れたアメリカを代表するオートバイ・メーカーである。『イージー・ライダー』の時代から、ライダーの憧《あこが》れの的であった。しかし、そんなハーレーも、１９７０年代後半から80年代初頭にかけては最悪の危機に陥った。理由は、生産工程の杜撰《ずさん》さとホンダやヤマハといった日本勢の進出であった。１９７９年に20・４％あった重量級でのマーケットシェアは、３年間で14・３％にまで落ち込んでいた。１９８１年、経営陣12人は当時親会社であったＡＭＦから会社を買い戻し、再生へのプログラムをスタートさせた。そのときの会社は瀕死《ひんし》の状態である。設立後初めての赤字を計上し、その後赤字幅は拡大。82年から１年間かけて、全従業員の40％を解雇した。ハーレー社は必死になって品質向上に取り組み、さらにレーガン政権の大幅な輸入関税引き上げを追い風にした。

それとともに、その後のハーレー復活劇を演出したのが、HOG（ハーレー・オーナーズ・グループ）と呼ばれる会員組織の設立だ。活動の中心は、毎週末に800以上ある支部ごとに行われるツーリングやラリーなどのモーターサイクル・スポーツである。このツーリングには、経営陣も積極的に参加した。顧客と経営トップが友達として最高のひと時を過ごそうというものだ。もちろん会員誌やパーティ、各種のサービスも用意されている。

こうした努力の甲斐《かい》があって、ハーレー社は奇跡の復活を遂げる。売上やシェアといった数字だけでなく、顧客ロイヤルティの復活を印象づけたのが、1993年に行われた「リユニオン」（同窓会）と呼ばれるハーレー社誕生90周年、HOG設立10周年を記念した大会であった。アメリカやカナダの10都市から、ハーレー軍団が、ハーレー社の経営陣を先頭にハーレーの生まれ故郷、ミルウォーキーを目指し、集合後、パレードを行うというものであった。6万台を超えるハーレーが集まり、パレードを見るために10万人の観客が集まったのである。ライダーたちの多くは、もはや無法者たちではなく、ヤッピーやルビー（Rubbie: Rich Urban Biker）たちであった。彼らは、日ごろのストレスから解放されて、自分に戻る、原点回帰を求め、ハーレーに乗るのだ。

ハーレーの復活は、ハーレーを心から愛する熱狂的なファンたちの存在によってもたらされた。彼ら信者たちにとっては、ハーレーに乗ることは神聖で神秘的な体験なのである。日常を超え、ある意味ではトランス状態に自らを置く行為なのだ。そもそもハーレーは束縛からの解放の象徴であった。ハーレーのシンボルマークである鷲《わし》のように大空を自由に羽ばたく。そして、男らしさの象徴であり、さらに、コカ・コーラと同じようにアメリカの象徴なのである。

ハーレー社は、かつて142社あったアメリカのオートバイ・メーカーの唯一の生き残りである。ライセンス・プレートには、「リメンバー・パールハーバー」と刻まれているし、「バイ・アメリカン」運動を展開する。湾岸戦争に際しては、工場やディーラーの店頭にアメリカ軍支援のポスターなどを飾り、星条旗を掲揚した。砂漠の中に1台のハーレー、そしてナレーションでは「この国は偉大な国だ」、そんな広告も作った。

ハーレーの信者たちは、コカ・コーラと同じように、ハーレーのブランド、ロゴマーク入りのファッションやアイテムをこよなく愛す。しかも、極みはハーレーのマークの刺青《いれずみ》である。これは、まさに信仰と呼べるものではないだろうか。マーケティングにより発せられるメッセージの力で、そこまで可能になるという証左だ。

コカ・コーラにせよ、ハーレーダビッドソンにせよ、揺るぎないアンビションを持ったマーケッターが可能にした復活劇なのだと思う。

●今、マーケティングに必要なのは哲学かもしれない

マーケティングには、計り知れない可能性がある。そして、マーケティングのミッションは人々に夢を与えること、端的に表現すれば、自社の顧客が喜んでいる顔、姿を具現化することなのだ。ハーレーに乗って大自然をツーリングする喜びに満ち溢《あふ》れた顔、家の裏庭で家族でバーベキューを楽しみながら、コカ・コーラを飲む満ち足りた顔、スターバックスでリラックスして心地よさそうな姿、こうした顧客の顔や姿は容易にビジュアライズして想像することができる。そうした製品なりサービスは強い。それが、すなわち顧客価値なのだ。それらの顔や姿が容易に思い浮かぶのは、それがマーケッター自身の価値と同じだからだ。一流のマーケッターは常に、自らがかなえたい夢を具現化してきた。思い浮かべるべき喜びの顔や姿は、不特定多数ではいけない。ターゲットがはっきりしていなければいけない。

そこには、データ・マイニングでは到底わからない暗黙知の部分が大きい。マーケティングは、その部分を常に探索し続けなければいけない。創造性（クリエーティビティ）というよりは、人間に対するより本質的な洞察力が必要だ。それだけではなく、時代性も忘れられないし、海外に進出する際にはその国の国民感情や文化をも深く理解しなければいけない。

かつてホンダがアメリカに進出したとき、ホンダはアメリカの消費者に向かって、「You find the nicest people on a Honda」と言った。ハーレーダビッドソンに代表されるように、男らしさと反体制で象徴されるオートバイのイメージに真っ向から挑んだのだ。これも、大いなるアンビションであり、時代を読む洞察力の賜物《たまもの》だったといえよう。広告には、素敵《すてき》な夫婦を登場させた。ナイス・ピープルである。ターゲットが明確で、ビジュアライズが容易だ。

昔の百貨店もそうだ。百貨店は、ファミリーにとってのアミューズメント・パークであった。休日になれば、多くの家族連れが生活をエンジョイしに百貨店に集まってきた。これもまた、マーケッターが発信したイメージなのである。

夢にもたくさんの夢がある。現実的な夢、非現実な夢。非現実と思われる夢を実現するのが技術革新ならば、現実的な夢を提供するのがマーケティングであるともいえる。何も月に行けなくても、身近な場所で多くの夢をかなえることができる。大げさなものでなくとも、非日常性は達成できる。それを企業は提供し得るはずだ。それをわかっている経営者とそうでない経営者がいる。多くの場合、創業者にはそれがわかっている。彼らにはアンビジョンがあり、一流のマーケッターとしての素養を持っている。しかし、一度事業が成功し、会社が大きくなるに連れて、その創業者マインドは失われていく。顧客の喜ぶ顔は、どんどん見えなくなる。だから、マーケティングのもう一つの使命は、そうした創業者マインド、アントレプレナーシップをいかに後世に伝え、社員に養わせるかということだ。

マーケティングでは暗黙知の追求を欠かすことはできない。ところが、最近のマーケティングにはこの部分が欠落している場合が多い。マーケティングは経済学では語れないはずなのに、会社の機能として語られる際に、経済合理性が重んじられすぎる傾向がある。経済合理性では夢は語れない。

創業者マインドを持つマーケッターは、チャレンジャーでなければいけない。ルール・ブレイカーでなければいけない。まさに、「円の外に点を打つ発想力」が求められるのである。数多くの企業で、革命的なことが起こってきた。それらは、多くの場合、一人の類稀なマーケッターの並々ならぬ努力によってもたらされてきた。彼は、常にルール・ブレイカーであり、挑戦者であった。優秀な技術者になるためには、長期間にわたるトレーニングが必要だ。会計や人事のプロになるためにも、学歴や長い期間にわたる勉強によって深く知識を修得し、さらに資格取得などが必要とされる。経験も成功のための重要なファクターだ。しかし、そうした中で、マーケティングのみが、かならずしもリアルの積み重ねを必要としない。ルール・ブレイカーであり、常識にとらわれない発想が求められる以上、積み重ねはあまりないほうがむしろ良いとすらいえる。

では何が必要か。夢を見る力、使命感、洞察力、ビジュアライズする力、ほかの人を巻き込むコミュニケーション能力、目標設定能力、そして強固な意志の力だ。いずれにしても、人々の深層心理に眠っているウォンツを掘り起こし、あるいは人々の期待を180度転回してしまう。あるいは、数多くの信者を創り出す、それがマーケティングの仕事なのだ。

これからのマーケッターとは？　マーケティングを称して、サイエンスだという人がいる、あるいはアートだという人がいるが、これからのマーケッターは科学者でもアーティストでもない。たとえるならば、哲学者に近い人が必要とされている。深い探究心と、洞察力を兼ね備え、しかも、今、地球環境にとって何が必要とされるか、困難な時代にいかに立ち向かうべきかという思想までが要求される。それを、ウォルト・ディズニーと同じように、普遍性を持ち、時を超えて語らなければいけない。それはまさに哲学のなせる業だと思える。

●21世紀、マーケティングには崇高な役割がある

夢を与える対象は、自分であり、子供である。これは普遍的であり、時を超えている。まず〝自分〟から見てみよう。消費者は時間を買い、自己投資をしようと躍起になっている。資格取得からリフレクソロジーまで、ありとあらゆる方法を貪欲《どんよく》に探し、自らの手で自分に夢を与えようとしている。レブロンがつくってくれた希望を買うだけでなく、自分で夢を創造しようとしている。

また、子供に夢をつぎたいという願いも強い。自らの子供はもちろん、地球市民として目覚め、次の世代に夢をつぎたいと思う人も多くなってきた。

冒頭にトヨタとホンダのスローガンを紹介した。もう一つの自動車メーカー、日産はど

うだろうか。ご存じのとおり、「モノより思い出」という名文句を高らかに宣言した。子供たちが求めているのは、モノではなく、思い出。体験であり、家族や仲間との絆《きずな》なのである。これは、何も子供たちだけの専売特許ではない。子供というメタファーを使い、親たちにも訴えている。ディズニーが言ったように、大人たちも大きくなった子供にすぎないからだ。自動車メーカーでありながら、物欲ではなく、精神性を説いている。ただし、その思い出を得るために車はなくてはならないものだという落ちをつけている。しかし、このキャッチフレーズを聞いた大多数の人は、深くうなずくことだろう。消費者の気持ちを崇高なものにしているという意味で、マーケティング戦略の好例だと思う。

ありとあらゆる企業が、こうした崇高さを具現化することを時代性と認識するならば、世の中の軸を良いほうに変えられるぐらいの力を持っていると思えるのだが。

マーケティングは、癒《いや》しを演出し、「このままでいいのか症候群」を煽《あお》り、さまざまな形で夢を語っている。そして、この極限まで追い詰められた文明と自然の共存関係を先延ばしするために、グッドネスを演出してもいる。面倒くさいような行為も、かっこいいスタイルに変質させる。志を与えることができる。

今までマーケティングは浪費の象徴のようにすらいわれてきたが、決してそうではない。

21世紀にはマーケティングは違うミッションを持つ。人々の心を健全な方向に高揚する役割を担っているのではないかと考えている。

●マーケティングにはメタファーが欠かせない

アンビションには、メタファーが重要であると述べた。そもそもアンビションを発信するための道具であるマーケティングこそ、メタファーが欠かせない。

たとえば歴史に残る演説には、類稀なメタファーが仕込まれている。映像のない演説という言葉だけの世界で、いかに人々の心にビジュアルを創造できるかが、演説の成否を決めるからだ。

いまだにビジネス・スクールなどで、戦略論や組織論などで繰り返し題材にされる演説に、マーチン・ルーサー・キング牧師の「I Have a Dream」スピーチがある。この演説は１９６３年８月28日に行われたもので、45分間に及んだ。この演説が生まれた時代背景について多くを語る必要はないだろう。彼は、黒人にも等しく普遍的な自由を求めた。たとえば彼はこのスピーチの中で、この運動には相当の覚悟が必要だと述べる際に、「Go to jail together」（共に刑務所に行くことも辞さない）と語っている。

中でも特筆すべきなのは、子供と山というメタファーの使用だ。子供をメタファーに使う意味は、「この夢は、もしかしたら自分たちの時代ではかなわないかもしれないけど、私たちの子供の時代には現実のものになっているはずだ」というものだ。このメタファーはいまだに生きている。彼は言う、

I have a dream that one day on the red hills of Georgia the sons of former slaves and the sons of former slave owners will be able to sit down together at the table of brotherhood.

私には夢がある。ある日、ジョージアのレッド・ヒルズで、子供たちが人類の兄弟として一つのテーブルについている。彼らは、かつて奴隷であった者の子供たちと、その奴隷の主人であった者の子供たちだ。

I have a dream that my four little children will one day live in a nation where they will not be judged by the color of their skin but by the content of character.

私には夢がある。私のかわいい4人の子供たちが、いつの日か、肌の色ではなく、個性によって判断される、そんな国に住んでいる夢だ。

I have a dream that one day the state of Alabama, whose governor's lips are presently dripping with the words of interposition and nullification, will be transformed into a situation where little black boys and girls will be able to join hands with little white boys and white girls and walk together as sisters and brothers.

私には夢がある。今は政府が妨害や破棄をすぐに口にするアラバマ州でいつの日か、黒人の男の子と女の子が白人の男の子と女の子と手をつなぎ、同胞として歩いていく夢だ。

そして最後に彼は、すべての山の頂《いただき》で自由の鐘を鳴らせ、と叫んだ。ニュー・ハンプシャーの丘の上から、ニューヨークで最も力強い山から、ペンシルバニアのアルゲーニから、コロラドのロッキーから、カリフォルニアの美しい山頂から、ジョージアのストーン・マウンテン、テネシーのルックアウト・マウンテン、ミシシッピーのすべての丘やモグラ塚から、すべての山から、自由の鐘を鳴らせ！

容易に想像できると思う。大きな山、見知った小さな山、分け隔てなく、すべての山の頂から鐘の音が鳴る様子なら。それはファンファーレのようにアメリカ中にこだますることだろう。

人々は想像できることに心を動かす。それがメタファーの役割だ。ビジュアライズすることによって、ほかの人を巻き込むコミュニケーションを可能にしているのだ。

そうした意味では、話はいきなり現代に戻るが、マルチメディア、IT、ブロードバンド、モバイルと進む現在の流れは、まさにマーケティング復権に貢献するはずだ。データやテキスト中心の配信から、ビジュアル中心の配信に変わっていくこともできるようになった。だから、マーケティングよ、もう一度、メタファーに戻れ、ビジュアルに戻れと言いたい。

ただ、繰り返しになるが、ビジュアライズするときに重要なのは、ターゲットを明確にすることである。そして、そのターゲットの夢を語り、そのターゲットが喜ぶ姿を映し出さなければいけない。日本企業の欠点は、ターゲットを広く浅く考えることだ。それではメタファーも効きにくいし、ビジュアル化も中途半端なものになってしまう。

●顧客価値の創造こそ、マーケティングの生きがい

現代は成熟化社会であり、夢が描きにくい時代だ。だからこそ、マーケッターの腕の見せ所なのであろう。豊かさの先に果たして何を思い描くのか？　あるいは、本当に今は豊かなのか？　成熟化社会は何を忘れてきたのか？　マーケッターが考えるべきことは多い。

「モノより思い出」に代表されるように、そこで重視されるのは、物理的なものではなく、

心に訴えるものだ。身近に経験できる癒しやゆとりであったりする。だから、成熟化社会になればなるほど、サービス産業が台頭する。しかし、日産も自動車に新しい意味を与えようとしているように、モノから始まる精神性、癒し、ゆとりだってある。

サービス産業は何らかの場を提供する。それがカフェであったり、テーマパークであったり、あるいは映画やオペラであったりする。一面的な見方をすれば、すべてバーチャルなのである。映画は2時間の間、夢の世界に私たちを導いてくれる。我々はその体験を買っている。

テーマパークなどのサービス産業はもちろん、製造業であっても、モノの用途や意味、そして象徴を明示することで、リアルな世界で皆が思い思いの体験を享受することができる。オペラやシンフォニーならば、何万円という対価を払う。バーチャルな体験を、頭の中に思い浮かぶシーンを買っているのである。「モノより思い出」に代表されるように、製造業も体験とシーンを提供している。

これからのマーケティングは、モノの価値ではなく、顧客価値を重視すべきだ。普遍的で時を超えた価値を追い求める。自社の顧客が喜んでいる顔、姿を深い洞察力で探究する。そのシーンをビジュアライズする。その究極にあるのが、ソニー、トヨタ、ホンダが言う

dreamsである。

第3章　マーケティングへの2つのチャレンジ

●三人称で語られる顧客に意味などない

今、マーケティングのあり方が大きく変化している。その変化の要因として、顧客志向から「顧客視点」へという視座の転換と、インターネット時代の衝撃の二つがあると考えられる。

前者は次のようにとらえることができる。第三者として顧客の声に耳を傾けるべきだというのが従来の「顧客志向」であるが、自分が市場の中の顧客になりきって、自分が欲しいものを提供していこうというのが、私が「顧客視点」と呼ぶ考え方である。この顧客視点という視座を前面に出した展開が今後求められるようになるというのがここでの主張だが、まずそれから議論していきたい。

私自身、永年マーケティングと称する学問を教えてきたのだが、その基礎となっていた米国型のマーケティングの原理は実は相当に罪深いものなのではないかという気がしてきている。どういうことか。

マーケティングの基本は顧客志向だといわれてきた。「消費者を大事にしなさい」「消費者の言うことを聞きなさい」ということをマーケティングはずっと言ってきた。問題は、そこでいう消費者は常に、三人称で語られる観念的な存在であったということだ。「私はマーケター。そしてあなた方は消費者」と位置づけ、両者が対峙《たいじ》していたのである。これが基本的な間違いを助長してきたと思っている。その結果、どのようなことが起こったか。

企業の経営トップが、いきなり「顧客のニーズが変化している」と言い出す。ところが、多くの場合、そこで語られる顧客というのは、その人自身にとっては実感のない観念的存在にすぎない。多少勉強していたとしても、調査部やマーケティング部にまとめさせたグラフを10枚ぐらい見て、「ああ、お客のニーズはこういうふうに変化しているのか」と判断しているのがせいぜいのところだろう。

これでは、結局生の顧客像に近づくことはできないし、ましてや顧客を超える発想などできるはずもない。

ところが、そのような組織でも、たまには成功するアイデア、ヒットする商品が登場することがある。それは、全権とはいわないまでも、かなりの部分、権限を委譲された担当者が、少なからず消費者としての生活感を駆使して、顧客を超えるひねりを加えるからである。とは言え、多くの場合は、「あなた方はどのようなものをお望みですか?」と一所懸命勉強して、あるいはアンケートを取って、なるべくそれに近づけようとしているわけだから、いつまで経っても平均としての消費者を超えることはない。むろん、先端の消費者になどとても追いつけない。つまり、真のイノベーションを起こすことは非常に難しいというわけだ。

そうした状況で、くだんの経営者がどんな反応を示すかといえば、たまたま世の中に登場した輝く商品を指し示して、「なんであれはうちにないのだ」と言う。そう言われれば、下の者としてはすぐに真似をするしかない。ヒット商品を真似するので、ある程度は甘い汁を吸うことができる。あるいは、その輝く商品が名もないベンチャー企業などの商品である場合には、顧客基盤のしっかりした名のある大企業ならば、追随してもその市場のトップシェアを取ることも可能だろう。その後は、お定まりの価格競争へと突き進む。確かに、高度成長の時代には、冒険をするのではなく、他社の真似をすることに経済合理性があった。しかし、この成熟化社会においても、その悪癖から脱却できない企業がことのほか多いことが問題だ。

多くの場合、そうした経営トップの予想をはるかに超えるスピードで、消費者の世界は進化し続けている。公表された数字を叩《たた》き込んで、抽象論を口にしても、そこにはいかばかりかの真実もない。問題は、自社が提供している商品を、顧客はどのような気持ちで買って、どんな顔をして使っているかを知っているかということだ。立派な大企業になればなるほど、ほとんどそのことを知らない。ただ、経済紙や経済誌を読んで、そこに書かれた言葉を借りて口にする。それでは、消費者の心に刺さる名品が生まれることはない。

今までのマーケティングが提唱した顧客志向は、結局、顧客に驚きを与えるイノベーションを生むことができなかった。それが、マーケティングが犯してしまった、一番大きな罪だと思っている。

では、こうした間違いから脱却するためにはどうしたらいいのか。

成熟化社会に勝ち残るためには、イノベーションは必須の条件だ。イノベーションとは、常に先端的な顧客（消費者）さえも超えた者の手によって顕在化する。そのためには、第一に企業は顧客を一人称として語らなければいけない。わかりやすい方法は、ターゲットに一番近い社員を見つけてきて、その人間に現場を任せてしまうことだ。企業の第一線のマーケターは、マネジャーというよりは、ドリーマーでなければいけない。ドリーマーたるもの、もちろん、ただターゲットに近いだけではだめで、最先端の顧客をさらに上回る感激体験の場数を誇る人間でなければいけない。そういう人間を見つけてきて、その人に有能なマネジャーをつけるという方法だ。

「君は夢を実現しなさい。それをビジネスにするための管理は私がやる。技術が必要ならば、それに応じた優秀なエンジニアをつけるよ」というわけだ。

そして、ドリーマーは自分が欲しいものを一所懸命に編集して、夢の世界をつくり上げて、発信する。その商品は、ターゲットとなるほとんどの消費者が経験した感激体験にない部分を持っているはずだから、消費者は驚く。驚くからその商品を購入もするし、その会社にシンパシーを感じる。こうした構図が必要になる。

ホンダの初代「オデッセイ」の開発リーダーであった小田垣邦道《くにみち》氏（現・株式会社ケーヒン社長）や「氷結」の開発者、佐野環《たまき》氏（キリンビール）などはそうしたドリーマーの代表例といえよう。

ブランドづくりの基本は夢、一貫性、革新だと思う。中でも重要なのが夢だ。その夢が、顧客にとっても素敵《すてき》な夢である保証は、一つしかなくて、夢見るドリーマーと顧客の距離が近いこと。そうでなければ、供給側の勝手な夢にしかならない。

●まず必要なのは、経験知の差である

たとえば、親が幼い子供を驚かすのは簡単だ。今まで連れて行ったことのない素敵な場所、たとえばディズニーランドに連れて行けば喜ぶし、今まで乗ったことがない新幹線や飛行機に乗せれば喜ぶ。東京ドームに行って初めてプロ野球の試合を観戦させれば、きっと子供は喜ぶだろう。

つまり、子供が今まで体験した経験と自分の経験のギャップが大きいので、驚かすネタには苦労しないというわけである。しかし、子供が成長するにつれ、驚かすことはどんどん容易ではなくなってしまう。

たとえば、今、手許《てもと》に潤沢な資金があったとして、今まで自分が見たことのないような素晴らしい家を建てたいと思ったとする。ではどんな家を建てたらいいのか。普通の人はここで困ったことになる。それは自分の経験知が乏しいせいで、何とか素晴らしい家を思い浮かべようとしても、大した家が頭に浮かんでこない。そのときの「私」の望みは、ただ豪華な家を建てたいのではない。自分にとって素敵な家を建てたいというものだ。ところが、自分にとって何が素敵なのかもわからない。そこでもし、偶然、あなたとウマの合う最先端の建築家の先生と遭遇したとしよう（それ自体なかなかあり得ないことだが）。一緒に酒でも飲みながら、その先生に誘導質問でもしてもらえれば、きっとあっと言う間に素敵な家のプランが出来上がる。それを見せてもらって、自分では想像もしなかったプランなのに、すっかり虜《とりこ》になってしまうというわけだ。

たとえば、ポルシェという車に乗ったことのない人間には、ポルシェのことは語れない。形が好きだとか嫌いだとかは言えても、本当のことはわからないのだ。

つまり、そういう消費者に素敵な家のプランを提示したり、ポルシェや、それに勝る自動車を提案するのが企業（のマーケター）の仕事である。

イノベーションとは、必ずしも技術革新によって起こるものではない。顧客にとってのイノベーションは、案外とローテクなモノである場合が多いものだ。組み合わせの妙や、デザインの先進性、そのベースとなるスタイルやシーンの提案、つまり夢が重要なのだ。

そのためには情報量の違い、それも知識ベースだけではなく、経験ベースの情報量の違いが必要になる。ターゲットとなる顧客の一歩も二歩も先を行く経験をどれだけ積んでいるかによって、顧客にどれだけ驚きを与えることができるかが決まる。それがマーケティング的に見たイノベーションの源泉だと思う。

しかも、一般的な顧客の心をとらえるためには、そのピラミッドの頂点に君臨する先端的な顧客の心をまずとらえなければいけない。スポーツの世界で、一流選手の愛用するグッズに普通の人が憧《あこが》れるのと同じ道理だ。

ところが、親子の間の差のように、かつてはあった企業と消費者の間の情報、経験の格差がどんどん縮まって、特に先端的な消費者は、企業よりも先に進んでしまっている場合すらあるのが現在の姿だ。

それは、企業の知らないところで、顧客が勝手に感激体験を増やしているからだ。食べ物について考えればわかりやすい。たとえば多くの食品メーカーが、新しい経験を商品に凝縮しようとしのぎを削っている。そこで何がネックかといえば、肝心の商品開発者たちが顧客に勝てなくなってきていることだ。たとえばエスニック系の商品を増やすにしても、彼らのターゲットとなる目利きの消費者たちは、バリやハノイ、あるいはバンコクに行って、自分たちでうまいものを食べ歩いて、すでに本場の味を知ってしまっている。アジア出張で高級ホテルの和定食しか食べたことのないおじさんたちが、商品開発の判子を握っている限り、このような消費者に勝てるわけがない。つまり、彼らを驚かすことができるような提案など、できるはずがない。

●顧客に学び、顧客を超える距離感を知る

困ったことに、多くの企業には顧客に驚き（イノベーション）を提供できるドリーマーが少ない。

しかもそのようなドリーマーがいたとしても、昔は一度の驚きで3年、あるいは5年という時を稼ぐことができたが、最近はその時間がだんだん短くなってきてもいる。次から次に魅力のある夢を発信し、驚きを提供していかなければならないのが今の時代だ。

しかも、ドリーマーがいればそれでいいかというと、それだけでは十分ではない。スタンフォード大学のコリンズ教授らが著した『ビジョナリーカンパニー』には、「時を告げる天才と、時計というメカニズムを考えた天才と、どちらが偉いか」という問題提起がある。「今、何時だ？」と聞いて、ぴたりと当てる人間は確かに素晴らしいけれど、それでは彼がいなくなったら時間がわからなくなってしまう。一方、時計を作り出した人間は、たとえ彼自身は時を告げられなくても、凡人がいつでもぴたっと時を当てることができる仕組みを用意したわけである。企業というのはそういうもので、スーパースター一人を生み出して、彼を頼りに生きていくのではなく、スーパースター並みのパフォーマンスが可能な仕組みを組織内に持たないとだめだというわけだ。

そのメカニズムはどのようなものか。私は、最も重要なメカニズムは、社員全員が顧客との適切な距離感を持って、顧客から学び、顧客を超える。そうしたカルチャーを具現化できるようなものだと思う。つまり、相当場数を踏んだうるさい顧客とどのくらい仲良くして、そして彼らのいいとこ取りができるか。しかもそれを、ただちょうだいするのではなく、しっかりと自分の力として蓄えていけるかどうかが革新力の差になって表れてくる最大の要素なのではないかと思えるのだ。

事実、時代を超えて元気なブランドたち、たとえばビームス、ハーゲンダッツ、あるいはナイキなどは、そのことをよく知っている。現場体験が何よりも大事で、自分の得意分野において、顧客よりも詳しくなければ存在価値がないということを社員全員がわかっている。だから彼らは、新しいターゲット、自分たちの知らないターゲットには積極的にどんどん近づいていく。

アパレルを中心としたセレクトショップを展開し、熱烈なファンを抱えるビームスは、そのいいお手本の一つだ。同社の設楽洋《したらよう》社長は、ターゲット顧客の三角形の頂点に自分たちが常にいなければいけないと考えている。そのために、最も先端的な顧客をつかまえる努力を惜しまない。各店舗の店員は、次のような使命を帯びている。

「来店客の中で、先鋭的な顧客、五人ぐらいに目をつけること。その顧客と仲良くなって、徹底的にコミュニケーションを図ること」

その顧客たちの話から、新しいトレンドのヒントを学ぶというわけだ。しかも、そうした先鋭的な顧客の何人かは、その後、何千倍という難関を突破して社員になるのだという。実際、現在の社員、バイヤーのほとんどがビームスの熱烈なファンで、元はお客様だった人たちだ。ビームスは、その元顧客たちに、好きなように企画を立てさせて、ほかの顧客を巻き込んでいく。ビームスを見ていると、顧客と店舗、企業との境界がだんだんなくなってきて、ちょうど商品企画部員をマネージするように、そういうトップクラスの顧客をマネージしようとする経営姿勢が見えてくる。

もう一つ、東京銀座の老舗《しにせ》だが、先端的な顧客との絶妙な距離感を保っているところがある。銀座伊東屋だ。伊東屋には「ないもの帳」というものがある。お客さんが来て、「これありませんか」とお店にないものについて問い合わせてくることがあるが、その場合には「申し訳ございません。うちにはございません」と丁重に謝ることになる。それで、そのなかったものを「ないもの帳」に記入する。そして、それを全部集めて週に一回、果たしてそれらが我々の知らなかった素晴らしいものなのかどうかという検証を行うという。

伊藤高之前社長も、これはと思う顧客とは個人的にお付き合いをしている。「いつもうちのお客様にはかなわないと思う」と言われていた。伊東屋ともなると、さまざまな分野の達人がくる。原稿用紙の鉄人みたいな作家先生とか、万年筆の達人とか、ヨーロッパの小物に詳しい評論家とかだ。すると伊藤氏は「皆さん、自分より上の人たち」だから、一所懸命お付き合いをする。するとどうなるか。伊藤氏は、すべての分野において二番手かもしれないが、ほとんどの顧客よりは目利きであることは間違いない。

つまりこういうことだ。目利きの顧客はすごいスピードで学んでいる、経験知を上げている。自分がかなわない顧客を見つけて、いろいろと話をして、その顧客から学んで、その顧客を超える努力をしようというわけだ。たとえ超えられなくてもいい。伊藤氏のように、さまざまな分野の二番ならば、多分、それは総合的には一番だろう。それぞれの分野の一番の人にとっても、自分の知らないことを知っている存在であるし、普通の顧客にとっては、それこそ憧れの対象となるはずだ。

こうした距離感、カルチャーは、まさにダイナミックなイノベーションを生む源泉となり得る。ある一時点で顧客を超えているのではなく、永続的に顧客に負けないというメカニズムが内蔵されているからだ。

●インターネットがマーケティングを変える

さて、もう一つのチャレンジである。こうしたマーケティングの大転換は、インターネットが生活に入り込んだことによって、さらに加速している。

もちろん狭義のインターネットに加えて、携帯電話（モバイル）、SNS（ソーシャル・ネットワーキング・サービス）、ブログなどが普及してさまざまな使い分けがされてきていることは周知のとおりだが、ここではそれらをまとめて「インターネット」または「ネット」と呼ぶことにする。

これらを、TV、新聞、雑誌など旧来のメディアと比べて、新しいメディアととらえる向きもあるが、そのような一つの新しいメディアが出現したのとは比較にならない大きな質的変化を人々の生活に、そして企業のマーケティングに及ぼしている。その鍵《かぎ》を握っているのは、平たく言ってしまえば双方向性なのだが、それには、対面の会話とも電話とも違った、「非直接的双方向性」とでも呼ぶべき性質がある。これが、マーケティングのあり方にも本質的な変化をもたらしているのだ。

この「非直接性」は、「目をあわさずに独り言をつぶやく」と表現するのが近いかもしれないが、「電話よりメール、メールよりブログの方がはるかに気が楽」という感覚の根底にある性質である。ある人に関して、直接本人の前で言うことと頭の中にあることとでは当然ながらその内容に大きく開きがある。ネットの非直接性は、人に、より本音に近いものを語らせることに大きく貢献している。こうした特性を、消費者と企業という文脈に当てはめると次のようになる。ある人がその企業に対して不満を持ったとしよう。

- 対面：よほどの人以外は直接不満をぶつけない。何も言わずに次から買わない
- 電話：普通の人の場合、よほどの不満以外は掛けない
- メール：どうしても不満を伝えたいときに最適な方法
- コミュニティの書き込み：気軽に書き込む
- ブログ：一番気楽。ちょっとしたことでも書ける

ネットがない時代は、企業は対面か電話でしか、消費者の声を聞くことができなかった。「声なき声」にはまさに声がなかったのだ。消費者も多くの場合、不満を先方に伝えることができず泣き寝入りするしかなかった。それがネット社会になって、上記のようなさまざまな方法が出現した。そのことによって、消費者と企業両方にとってより風通しのいい環境が整ったといっていい。次の二つの例が、このことを如実に示している。

最初の例は、ある若者向けの雑誌の元編集長の話だ。

ウェブのない時代に編集部に寄せられた読者からの意見は、とにかく極端なものが多かった。それがウェブサイトを開設し編集部のアドレスを掲載したところ、ごく普通の読者からのメールが非常に多いことに驚いたそうだ。しかもその中には、どきっとして真剣に考えさせられる意見も散見されるというのだ。

たとえば「あなた方は体制に噛《か》み付く。読者にも噛み付く。それがなるほどと思えることばかりなので、頼もしかった。でも、考えてみると、あなた方はファッションブランドにだけは噛み付かない。それは、やっぱりファッションブランドが大切な広告主だからですか」というものだ。くだんの編集長は、「全くその通りだと思って反省した」という。

次の例は、素人有志が運営する、あるレストラン評価のサイトの話。

ある有名なフレンチレストランについて、こんな書き込みがあった。

「料理も接客も素晴らしいし、大変気に入りました。ただ、それだけに気になってしまったことがあります。それは、テーブルとテーブルの間が狭いことです。せっかく二人だけの特別な時間を過ごしに行くのですから、もう少し、ゆったりとした気分になりたかった」

あるいは「トイレが無機質なのが残念だった」という意見もあった。こうした意見は、クレームというほどのものではない。むしろ、建設的な意見としてとらえられるものだが、面と向かって聞かせてくれることはまずないだろう。

このように、ネットを経由して、今まで聞くことができなかった消費者の素の声を聞くことができるようになってきた。クレームにせよ、建設的な意見にせよ、クレーマーではない普通の顧客、あるいは上顧客から寄せられる、こうした材料をマーケティングにどう生かしていくかで、結果に大きな差がつくことは容易に想像することができる。

●インターネットは、企業のIQ、姿勢を映す鏡

そうやって、消費者が静かに自らの姿を開示するようになった一方、企業の素の姿も消費者から見えるようになった。企業が今も昔も実体として存在しているのは間違いないが、ネット社会が出現する前は、リアルタイムにいつもその全貌《ぜんぼう》を把握しようと思う人もいなければ、できると思う人もいなかった。今は、ほとんど例外なくどの企業も自社のウェブサイトを持っていて、巧拙、濃淡はあるものの誰でもいながらにしてその概要を把握する

ことができる。
実はこの仕組みは、見かけをはるかに超えて饒舌《じょうぜつ》である。ウェブサイトのコンテンツ自体がその企業についての直接の情報であるのだが、それ以外に、ウェブサイトを見ることで次のことがわかる。
一・ウェブサイトがない、または不完全な企業は、組織のＩＱが低い
二・更新頻度の低い企業も、元気がない、規律がないか、ＩＱが低い
三・お客様窓口のページが奥の方にあるとか、電話番号の記載のない企業は顧客志向度が低い
四・同じく、顧客参加コミュニティなどに熱心でない企業は顧客志向度が低い
五・現実の姿とサイトの記述に開きのある企業は、誠実でないか、時代感度が低い
六・企業の歴史、理念・ミッションがしっかりと述べられていない企業は、短期志向で利己的、顧客と社員を大切にしない
七・サイトで個別商品間の関係がすっきりしていないのは、ブランド体系への理解が低く、マーケティングＩＱが低い
といった具合だ。それほどまでに、ウェブサイトというものは、実は企業の姿を如実に

表す窓となる。つくればいいというものでは決してない。悪い例を挙げることははばかられるので、最近私が「いいサイトだ＝企業のIQなどが高い」と感じた好例をいくつか挙げてみたい。

虎屋：http://www.toraya-group.co.jp/main.html

- トップページから全体を通しての高品位なビジュアルと佇《たたず》まいは、いかにも歴史と風格を感じさせる
- 会社と商品の歴史と文化は、KNOWLEDGESというパート（そして一部、「会社のご案内」ページ）に濃密に記述されていて、歴史上の人物と和菓子のページは圧巻である
- 和菓子に特化しているとはいえ商品のラインアップもすっきりしていて、企業IQの高さを窺《うかが》い知ることができる。新しい試みであるTORAYA CAFÉは別サイトになっていて、その位置づけに迷いがないことを語っている
- 顧客窓口も電話番号をはじめとして十分な情報があるが、オンラインのコミュニティはない。これもこのブランドのある意味での敷居の高さを物語っていて興味深い

無印良品：http://www.muji.net/

・このサイトも一見して「らしさ」が薫り、ブランドらしい雰囲気が漂うという点で出色である

・顧客との交流も、「モノづくりコミュニティー」「MUJI LIFE」などのページは圧巻で、顧客とともに歩むというブランドの姿勢が明確に伝わってくる。問い合わせ窓口も、電話番号がきちんと告知されていて店舗ごとの電話番号とあいまって、顧客の声にオープンな姿勢が読み取れる

・このブランドは周知のように実際の店舗ベースの小売業であるが、ネットショップが実際の店舗以上に充実していて、両者を互換的に使うことができる。小売業でリアルとネットがともにこれだけ充実して、両者がほぼ完全に統合されている例は他にはない

東海バネ：http://www.tokaibane.com/

・出色の例は、名の通った消費財ブランドに限らない。この東海バネは、こだわりのオーダーメイドのバネに特化した産業財のメーカーである。決して派手ではないが、サイトを見れば会社の真の姿がわかるという恰好《かっこう》の例である

・まず、トップページ下方に「東海バネのモノづくり」というコーナーがあり渡辺社長の言葉に始まって、「バーチャル工場見学」のページに至るまで余すところなく東海バネ魂が紹介されている。どこが違うのか言葉で言うのは難しいが、大手企業の秀才くんが作文したときにみられる「言葉だけ浮いている感じ」がまったくない。全ページを通して熱気と真面目さがあふれている

・オーダーメイドのバネという複雑な商品をオンラインでも注文できるように工夫されている。初めての顧客のためには「はじめての方へ」、二回目以降のリピート注文のためには「リ・オ・ダ」というページが周到に用意されていて、単なる使いやすさを超えて、顧客側に立つ思いが伝わってくる

・オーダーメイドのバネというのだからほぼ無限の商品バラエティがあるに違いないのだが、バネの種類×用途できちんと整理されている。そしてそのそれぞれの組み合わせに多数の納入事例が紹介されていて、そのわかりやすさと説得力にこの企業のIQの高さを感じざるをえない

以上の例が示すように、インターネットはただの新しいメディアではない。ウェブ担当

者とシステムエンジニアに任せて済む問題ではないのだ。ネットの時代になって初めて、経営者をはじめとする企業全体の姿勢を映す鏡が現れて、そこに映し出される像を世界中の誰でもが見ることができる、と考えるのが正しい認識なのではないだろうか。

●マーケティングを超えて――ネット・マーケティングの本質とは

ネットの時代のマーケティングはどこが違うのか。最後に、もう一度まとめてみよう。

消費者は、電子メール、SNSやブログのような非直接的双方向メディアの登場によって、以前とは比べ物にならないほど本音を外に出すようになった。日本語のブログは、米国テクノラティ社によると、2007年3月現在、その数で全体の37%を占め、2位以下を大きく引き離して1位だという。しかしながら、それらは「非直接的」であるがゆえに、ある意味直接やってくるメールや自社サイト内コミュニティのコメントを除いては、企業側が意識してその声を探し、自ら聞きに行かなければいけない。

幸い、ブログに関しては、ニフティのBuzzPulse、電通の電通バズリサーチなどのブログマイニングといわれるサービスが揃いつつあり、消費者が舞台裏でささやく声にたどり着くことができる。心ある企業は、このようなサービスと自前のネット巡回によって消費者の本音に迫り、マイナスの声に網を張っているだけでなく、新しいマーケティング発想の種にしている。これは毎日の蓄積がものをいう世界であるから、やるのとやらないのとの差は無視できないほど大きくなる可能性がある。

本章の前半で触れた「顧客視点」との関連で言えば、このネットコミュニケーションの非直接的双方向性という性質は重要な意味を持っている。消費者が聞き手を直接意識せずにつぶやく意見がネット上に散在しているのだから、マーケターは鋭い問題意識を持ってそれらに触れることにより思いもかけない気付きを得ることができる。消費者から学び消費者を超え続けるための有力な方策が一つ増えたわけである。

もう一つは、発信側の問題である。三つの例で見たように、インターネット時代は企業のすべてが外に透けて見える時代である。ネット・マーケティングの力をつけるには優秀なウェブ担当者を探して任せれば済むと考えるトップは未だ多い。実は、自分の企業のすべてを再点検して身を正すことこそ、手がけるべき最優先課題なのである。企業のすべてであるから領域をリストアップすると大変なことになるが、特に重要な領域を特定すると以下のようになる。

一・会社の哲学：自分の会社は何のためにあるのか。何を大切であると考えているのか。時間を経ても変わらない信念はあるか
二・顧客への姿勢：真に顧客側に立って、顧客がよりハッピーになることを願っているか
三・社会への姿勢：社会にどう役立とうとしているか。社会に迷惑をかけないように何を考え、行動しているか。顧客と社会に対して誠実か
四・商品・サービス体系：自分たちはどのような商品・サービスの組み合わせで顧客・社会に貢献しようとしているか。それは、冒頭の哲学と整合しているか
五・変化へのエネルギー：常に何か新しいものに挑戦して、顧客に驚きを提供しようとしているか

ここからもわかるように、ネット時代のマーケティングは経営の一職能という狭い領域を超えて、企業の経営そのものを舞台に議論されるべきものになったと言えるだろう。

第4章　新しい時代の顧客ニーズと顧客志向

●商品のコモディティ化は避けられない

コモディティという言葉をよく聞く。試しに英語の辞書を引くと、「商品」とある。つまりコモディティとは、たとえば小麦粉とか、コーヒー豆とか、砂糖といった商品を指す。マーケティング用語として使うコモディティ化とは、企業間における技術的な格差が縮まったことにより、商品が画一化してしまい差別化できない状況をいう。たとえばブラインドテストをして、ビールや缶製品のウーロン茶を飲む。異論がある方もいようが、さしたる差はない。テレビにしても、シャンプーにしてもそうだ。パソコンや携帯電話もそうだろう。ある商品が登場し成功すると、他のメーカーもこぞって同じような商品を開発し、販売する。その商品が製品ライフサイクルの導入期、あるいは成長期にある間は、さまざまな技術革新などによって、差別化された新機種が生まれる。しかし、ある程度、その商品が進化をしてしまうと、あとは似たり寄ったりになってしまう。ブランドの知名度や商品の露出度、あるいは価格によってのみ、多くの消費者は購入ブランドを決めるようになる。もちろん、さまざまなモデルチェンジは行われる。デジタルカメラにしても、画素数が多くなったり、軽量コンパクトになったりする。しかし、商品というものはそもそもコモディティ化していくことを避けることができない。

たとえば缶コーヒーを買おうと思う。各社、豆のブレンドや製法にさまざまな工夫を凝らしている。あるいはパッケージ・デザインや、CMキャラクターによる差別化にも必死だ。確かに、程度の差こそあれ、消費者にはブランド・ロイヤルティもあろう。なんとなく、ジョージアが好きだとか、ボスが好きだとか。しかし、基本的に値段は同じだし、大きさも同じ。その人のロイヤルティがかなり強固なものでない限り、より近くにある自販機で売っている缶コーヒーで良しとしてしまうことも多いだろうし、コンビニの店頭で買おうと思ったブランドのものがなかったとしても、買うことを思いとどまるよりは別の缶コーヒーを買うだろう。そうした商品、本質的な違いの少ない競合商品が多数存在するような状況を、コモディティ化という。

もちろん、こうしたコモディティ化は、製品だけでなく、サービスにおいても存在する。たとえば宅配サービスや、ハウスクリーニングのサービスなどもそうだ。銀行や旅行会社のサービスも多くはコモディティ化している。たとえば自動車保険などは、一時期、さまざまな新商品が登場した。長い期間、規制に守られて進化していなかった規制業種では、規制緩和を受けて、いきなり開発意欲に目覚めるものだ。すると、コモディティ商品群にいきなりイノベーションが起こり、差別化商品が登場する。しかし、自動車保険もそうだったように、あっという間に他社が追随し、一段進化したレベルでコモディティ化してしまう。

コモディティ化は、今に始まったことではない。80年代前半には、すでに多くの商品がコモディティ化していた。当時の状況が今の状況と違うのは、一つにはその後にIT革命が始まったことでもわかるように、まだまだ技術革新の余地が大きく、イノベーションが起こせたたという点にある。さらには、さまざまな周辺サービスを製品に付加することで差別化を図ることができたという点も指摘できる。しかし、現在では技術革新が多くのジャンルで難しくなってきており、手詰まり状態にある。しかも、そうした周辺サービスもすでにコモディティ化してしまっている。また、本書でも繰り返し述べているように、消費者の経験知、情報量が昔と比べて数段グレードアップしてしまったことも、企業には厳しい環境要因となっている。

●新しいマーケティング戦略論の台頭

マーケティング戦略論においても、独自性を打ち出しやすい商品環境下での戦略に代わる新しい視点が必要とされた。そこで最近のマーケティング戦略論の傾向を見てみると、「ブランド論」の論議が活発になるとともに、「マス・カスタマイゼーション」「ワン・ツー・ワン・マーケティング」「パーミション・マーケティング」「経験型マーケティング」「バズマーケティング」「インターネット・マーケティング」あるいは「リレーションシップ・マーケティング」などが台頭してきた。

マーケティングの歴史の中で、1990年からの10年間ほどブランド論が熱く論じられたことはなかった。従来のマーケティングにおいて、実はブランドはそれほど重視される要素ではなかったのだ。しかし、商品のコモディティ化に対応するためには、ブランドを重視せざるを得なくなった。今では、ブランドをマーケティングの起点にするべきという意見も決して少なくない。マーケターたちは、商品を識別するという目的以上のものをブランドに求めたのである。

マス・カスタマイゼーションは、いわば受注生産と大量生産（マス・プロダクション）の間にあるもので、大量に作られた完成品から、顧客一人一人にフィットした商品を選ぶ、あるいは調整しようとするものだ。たとえばリーバイスが1994年に導入した「パーソナル・ペア」がある。これは、顧客である女性の体形を詳細に測定し、ぴったりフィットしたジーンズを約4000種類の中から選ぶことができるというものだ。ユニクロの戦略も類似していた。たとえば一世を風靡《ふうび》したフリースにしても、マス・プロダクトには違いないのだが、組み合わせを豊富にした。ハーフジップとフルジップ、それぞれサイズは5種類、そしてカラーが75色。自分に合う、好きなフリースが必ずあるというわけである。

ワン・ツー・ワン・マーケティングは、このマス・カスタマイゼーションの幅を広げ、ますます深化させたものだ。パーツを自由自在に組み合わせられるとか、インターネットを使って受注生産をするといった戦略を挙げることができる。また、ワン・ツー・ワン・マーケティングは、サービスという側面においてより重要な概念だ。たとえば膨大なデータベースを駆使したCRM（カスタマー・リレーションシップ・マネジメント）を実践し、登録された電話から掛かってきただけで、オペレーターが「○○様、いつもありがとうございます」などと応対できるようにする。あるいは、アマゾン・ドットコムのように、個人別の購入記録などから推奨商品をセレクトして薦めるなどが代表例だろう。

さらにパーミション・マーケティングとは、ブランドのシンボライズを徹底し、顧客のブランド・ロイヤルティを高め、顧客がブランド（企業）に心を許してしまう環境を創ろうとするものだ。

また、経験型マーケティングとは、コモディティ化に対応するために、新たな経済価値として経験価値なるものを生み出し、競争の次元そのものを根本的に変えようとする動きである。製品を小道具とし、サービスを舞台とし、記憶に残るイベントを提供するという発想に基づいたマーケティングである。

たとえばバースディケーキがある。かつて欧米では、それぞれの家庭で秘伝のケーキを焼いていた時代があった。そのうち、ケーキミックスという商品が登場して、誰でも手軽にバースディケーキを作れるようになる。さらに、サービス業としてケーキ屋さんが一般化し、バースディケーキも買ってきて並べる時代になった。ここに経験型マーケティングが導入されると、イベント業が登場する。顧客の好みに合わせて、最高のバースディ・パーティを演出しましょうというわけだ。そこにはもちろんバースディケーキも用意されているが、ケーキはもはや小道具の一つに過ぎない。従来の競争は品質や満足を軸に展開されたが、経験型マーケティングでは感動が軸になる。アメリカで登場したレインフォレストカフェなどのテーマレストランもそうだ。こうした経験型マーケティングは、さまざまに応用される。第2章で紹介した日産のキャッチフレーズ、「モノより思い出」もまさにそうで、単に自動車を売るのではなく、子供たちが感動を体験するツールとして自動車を買ってくださいと提案している。

バズマーケティングのバズ「BUZZ」とは、「ある時点における、特定の企業や製品に対するコメントの合計」（ローゼン、2000）を意味する。つまり、バズマーケティングとは、バズを最大化するためのマーケティングであり、一般的にはクチコミマーケティングとも言い換えられるものである。24時間・30cm以内に存在するメディアといわれるモバイル（ケータイ）の普及によって、バズマーケティングの手法は格段に充実したといえる。

インターネット・マーケティングは、マーケティングに革新をもたらした。インターネットは、テレビなどのマスメディアと違って、一方向ではない、インタラクティブなメディアであり、ターゲットセグメンテーションが容易なメディアであることから、消費者の行動に大きな影響を与えた。たとえば、検索連動型広告は、検索されたキーワードやページの内容に関連して表示されるので、ターゲットを絞った広告効果が期待できる。ユーザーの事前登録（パーミット）によって送付することが可能なメール広告にも、同様の効果がある。しかも、そうした広告で製品などに興味を持った消費者は、ワンクリックで詳細情報にアクセスすることが可能である上に、多くの場合はその場で購入することもできるという利便性を享受できる。もちろん現在では、リッチメディアが当たり前なので、紙媒体のカタログやテレビ広告以上に、さまざまな情報をわかりやすく、しかも安く提供することが可能になっている。

モバイル・マーケティングでは、消費者のちょっとした空き時間や移動時間に情報を提供することができる。午前中に身近なコンビニでの新商品情報を流したり、平日に週末のエンターテインメント情報を流したり、店舗などでクーポンを提供するなど、より顧客の購買に直接影響するようなマーケティング手法が展開できるようになった。

リレーションシップ・マーケティングについては、後述する。

●従来型の顧客志向では問題は解決しない

商品開発を考える場合、避けて通ることのできない問題に、顧客志向の是非がある。プロダクトアウトかマーケットインかという論争だ。

ＭＩ21パートⅠの調査では、経営の最重要課題の一つに、顧客満足を掲げている企業が多い。そして一般的には、顧客満足＝顧客志向と、とらえられやすい。しかし、顧客満足と顧客志向は実は、次元の違う話なのである。顧客満足は顧客価値の重視であり、これは決して間違っていない。顧客価値がなければ、製品にせよ、サービスにせよ、売れないからだ。しかし、顧客満足を達成するための方法論として、顧客志向が良いか悪いかは別の話である。この調査結果の分析として、顧客満足とともにアンビションを掲げた理由がそこにある。アンビションは柔らかい戦略であり、経営者、または企業の主張である。顧客満足を達成するためにその戦略を考えるのは、企業であり、顧客ではない。

従来、市場に目を向けて顧客志向であれという主張は、マーケティングの出発点として繰り返し述べられてきた。そこで、従来のマーケティングでは、消費者調査を実施し、正しくニーズを把握しようと試み、その結果を商品開発へとフィードバックすることが重要だと指摘された。しかし、それが少なくとももはや正しい方法論とは言い難いとする大きな理由が、先述した商品のコモディティ化にある。つまり、市場全体のコモディティ化が進む時代には、完成度の高い商品が市場に溢《あふ》れ、消費者の欲求はすでに満たされているからだ。それゆえ、消費者が心に描く革新的なアイデアはもちろん、ニーズ自体が希薄になってきている。とすれば、消費者に尋ねることで、イノベーションのネタを探すということは、極めて困難になってきていると思われる。むしろ、他社の追随を繰り返すことになりかねない。

ただし、ワン・ツー・ワン・マーケティングの考え方においては、個人としての消費者が何を望むかが重要であるため、この顧客志向は貫かれる。ここで顧客は個客となり、顧客志向は個客志向へと進化しているわけである。

また、最先端の顧客を取り込むことで、あるいは自らが一人称で語る顧客起点という論点から、顧客志向を追求するという方法論もあるだろう。

●顧客の隠れたニーズを読み取る

さらに言えば、顧客や市場のニーズを深く追求するという方法は否定できない。言葉で発せられた表面的なニーズだけでなく、明言されない深層のニーズにこそ注意を向けることで、顧客志向の意味を深められるというわけだ。たとえば、コトラー教授は顧客ニーズを「明言されたニーズ」「真のニーズ」「明言されないニーズ」「喜びのニーズ」「隠れたニーズ」の五つに分けて検討している。このうち、喜びのニーズや隠れたニーズが、どれだけ満たされるかによって顧客の長期的な支持が左右されるという考え方だ。

たとえば、自動車ディーラーの店頭で、来店客から「安い車がほしい」（明言されたニーズ）という注文を受けたとする。しかし、だからといって価格がただ安い車を薦めればいいかどうかは一概には言えない。よくよく聞いていると、「真のニーズ」として、「希望小売価格が低いというよりも、値引きと下取り価格の問題」だということがわかる。また、「明言されないニーズ」として、「維持費の安さも期待している」ことにも思い当たる。あるいは、顧客は適切なサービスにも期待している。納車の際にガソリンが満タンであったり、トラブルの際には迅速に対応してもらえたり、定期的に愛車の調子を尋ねてくれたりといったサービスだ。こうした気配りは、顧客との間の信頼を形成し、クチコミを生む。

顧客によって明言はされていないが、冷静に考えれば容易に想像することができるニーズである。この段階までは、従来のマーケティングでも導き出されていたニーズであろう。競争の激しいコモディティ商品であればあるほど、顧客ニーズに合わせた対応型マーケティングや、予測型マーケティングの実行は当たり前の戦略だからだ。

ところが、今後はさらに一歩進んで、創造型マーケティングが求められる。顧客の意表をついた何かを提供することで、驚きや感動を生み出すことが必要な時代なのである。それが「喜びのニーズ」への対応であるが、たとえばそれは、「チャイルドシートを無料ないし安く手に入れたい」というものかもしれない。値引きよりもむしろ、そういう提案が喜ばれるかもしれないのだ。そして、究極的には「隠れたニーズ」に到達することが重要だとされる。くだんの来店客は、もしかしたら「一番の希望は、奥さんに賢い買い物をしたと認めさせたい」という隠れたニーズを持っているかもしれない。その奥底にある願望が、チャイルドシートというニーズに結びついている可能性がある。もちろん、「隠れたニーズ」は単純なものではない。単一の製品やサービスでそれを満たすことは困難な場合のほうが多いだろう。顧客にとって極めて重要でありながら、多くの場合は漠然とした、あるいは込み入った課題であるため、顧客自身が認識することもない。だが、一度この種のニーズを掘り当て、適切な解決策を提供できれば、かけがえのない信頼関係を築くことができる。

先の例は、店頭での営業手腕によるところが大きいが、商品開発などのためには、先述した先端的な顧客との関係強化のほか、社会科学者など専門家による顧客行動の観察、あるいはインターネットを活用したコミュニティ・ベースでの活発な意見交換などを組み合わせることで、顧客の深層心理を探り出そうとする努力が必要になる。

いずれにしても、商品開発などの重要なマーケティング戦略において、顧客志向が無意味なわけはない。ただ、繰り返しているように、単なるアンケートなどの消費者調査では、イノベーションに結びつくヒントが何もわからないに等しいことは間違いなさそうだ。深く顧客と付き合うことで、自らを触発することにこそ重点を置く必要がある。優秀なプランナーは、誰の意見、どんなきっかけが基にあるとしても、自分の企画として昇華させてしまう能力に長《た》けているものだ。

プロシューマーという言葉が一時期流行《はや》ったが、これは、コンシューマー、つまり消費者でもあるプロフェッショナル(マーケター、プランナー)として、企画を立案するというスタンスだ。しかし、それは独りよがりになるということとは違う。自らに深く問い掛けるとともに、顧客や消費者、市場を深く観察する術《すべ》が必要になる。マーケターは、生活者としての自分と、プロフェッショナルとしての自分を決して切り離してはいけないという時代なのだ。

●ソリューション営業はなぜ必要なのか

ソリューションという言葉も、かなり一般化している。簡単に言えば、今はモノだけでは誰も買ってくれない。顧客における何らかの課題を見つけだし、それに対する創造的な解決策を、自社の製品や基本サービスを絡めながら提案し、提供することが必要なわけだ。

製品ではなく、システムを売ると考えればわかりやすい。たとえば製品自体はコモディティであっても、システムはマス・カスタマイゼーションで構築する。かつて、メインフレームやサーバーを売り込むために、コンピュータメーカーがこぞってシステム開発に力を入れ始めたことが、何より典型的な例だ。コンピュータ業界ほど従来のヒエラルキーが崩壊している業界も少ない。インテルとマイクロソフト、すなわち心臓部ではあるが部品メーカーとソフトウエア開発会社が、ＩＢＭをはじめとする大メーカーを翻弄《ほんろう》した。コンピューターメーカーは、ややもすれば単なるアセンブリメーカー、つまり組み立て屋になってしまい、利益も少ない構造になっている。そこでコンピュータメーカーは、システム開発に力を入れ始め、ソリューションビジネスに軸足を移し始めたわけだ。

こうしたビジネス展開は、システム経済性という言葉を使うとわかりやすい。顕著な例を挙げて説明しよう。

80年代、アメリカの伝票（ビジネスフォーム）市場は80億ドルの規模を誇っていた。当時の大企業・団体の購入担当者の関心事は、品質はもちろんだが、むしろ予算と納期だった。伝票はコモディティ商品であり、品質にそれほど差をつけることはできない。だから、競争力の鍵《かぎ》は、営業力、そしてコストと納品のスピードだった。しかし、90年代に入ると、金融機関や病院など大口の顧客は揃って大規模な経費削減に着手した。すると、従来のコスト、つまり伝票の購入代金は氷山の一角であったことが判明した。実は、伝票購入に1ドル費やすごとに、補充、コピー、配布、補完、処分といったその後の作業にかかるコストが20ドルにも上っていたことがわかった。つまり、伝票の購入代金を削減するよりも、コンピュータなどを駆使した記録保管システムを構築することのほうが、経費削減においても、また業務の効率化においても有効な手段だということが判明したわけだ。もちろん、これは組織全体の問題であるので、意思決定も購入担当者から上級管理職へと移る。当初の投資金額（予算）は莫大なものになる。しかし、その結果として、たとえば20ドルかかっているコストが、電子システムの導入により、10ドルに削減される。顧客の最大関心事のこうした変化にいち早く対応した企業は、あるいは顧客が気づくよりも早くそのことを提案できた企業は、大きな競争優位を有することになる。

顧客自身も気づいていないこうしたニーズの広がりをいち早く発見し、それに対する解決策を提案する。それに成功すれば、目先の値引き戦争などとは無縁の存在になれるわけだ。

つまり、顧客のニーズには深さと広がりがあることを主張したい。深さとは前述した五つの階層を指す。そして広がりとは伝票の例のようなシステム経済性の発見なのである。

いずれにしても、現代は製品だけでなく、いかにソリューションを提供していくかが重要な時代だ。製品の使い勝手を高めることがマーケティングの仕事であるように、サービスの広がりを提案していくのもマーケティングの重要な仕事になっている。製品の購入は、顧客にとって表面的なニーズでしかない。顧客の多くはビジネス上の課題、あるいは生活をする上での、趣味をより深めていくための課題を有している。真のニーズはそうした課題の中に存在している。顧客のシステム経済性に基づいたニーズ、あるいは深層のニーズを探りだすことが、ソリューション営業の出発点なのである。

●インターネットが顧客志向のステージを変える

インターネットやモバイル（ケータイ）の普及は、マーケティングの環境、さらに商品開発の環境を一変する力を持っていると思う。たとえば、顧客とのパートナーシップの強化だけでなく、マーケティング機能そのものを顧客に代行してもらうという方法論も顕著になり始めている。たとえばチャットなどへの書き込みやブログ、コメントなどによって、ある商品のファンになったユーザーが勝手に当該商品の宣伝をしてくれるというケースも少なくない。無論、クレームや辛口の評価もあり得るわけだが、商品がよければ、ファンサイトのオープンなども含めて、インターネットやモバイル上でクチコミ効果を十分に期待できる環境が整っているといえる。

こうした状況を活用して、特にモバイル・マーケティングではさまざまな実験が繰り返されている。たとえばSNSに擬人化(キャラクター化)した商品のマイページを開設して、ターゲットの年齢層に合う語り口調でキャンペーンや商品情報などを日記形式で公開するといった方法も試みられている。

それだけではない。商品開発やマーケティング・コンセプトの立案自体に顧客を活用することも可能だ。従来、消費者は受け身であり、中でも商品開発という側面に関しては、全くの傍観者であったといえる。しかし、現在はインターネットやモバイルの力を活用して、企業と対等の立場でさまざまな発言をするようになった。このパワーを開発にも使わない手はない。これまでも、たとえばソフトウエアのパイロット(ベータ)版を無料でユーザーに提供して、その完成度をモニタリングする方法は頻繁に活用されている。特にソフトウエア・プログラミングの世界では、ユーザーの中にもハイレベルのプロフェッショナルがいる。彼らは企業のパイロット版を試してさまざまに批評するどころか、バグの発見まで行ってくれる。顧客が製品テストを無償で代行してくれるわけだ。しかも、使い勝手や用途の広がりまで提案してくれる。そうした経緯を経て完成版が提供されると、より下の階層のユーザーが飛びつく環境まで出来上がっている。こうした側面は、明らかにインターネット時代の新しいマーケティング手法であり、開発プロセスとすらいえる。

今後は、さらに、こうした手法を発展させ、先端のユーザー（顧客）を囲い込み、コンセプト開発、商品開発にまで顧客を巻き込むことも可能だろう。もちろん、いつまでも無償で好意を当てにする必要はない。懸賞制度やテンポラリーの契約も検討したいところだ。

ところで今、好意という言い方をしたが、実は違う。彼らにはブランド・ロイヤルティがあり、それ以上に功名心がある。たとえばマイクロソフトの最新の商品だからこそ、自分の腕を試してみたいという思いだ。名を出したいという功名心ではなく、極めて自己満足に近い、できればその上で、自分が認めているブランド（企業）に自分を認めさせたいという功名心だ。そうした顧客関係をいかに構築するかが企業に求められるのは当然だろう。聞いたこともない企業、低迷している企業の商品には、先端のユーザーは興味など示すはずもないからだ。

●リレーションシップ・マーケティングの重要性

顧客との関係性を重視した、リレーションシップ・マーケティングの重要性に気づいている企業はすでに多い。短期的な販売の成立よりもむしろ、顧客との関係強化に重点を置いた、ある意味では先行投資型のビジネス・スタイルの構築だ。特にB to Bの関係において、顧客はもはや飲み代を出してくれるセールスパーソンや、ゴルフに誘ってくれるセールスパーソンなどに用はない。あくまでも親身になって相談に乗り、ソリューションを提供する戦略的なビジネスパートナーを求めているのである。

裏を返せば、次のような視点が重要だということになる。

競争が激化している成熟市場では、競合他社から顧客を奪い取るのは、既存顧客の維持よりもはるかに高いコストを要する。そのため、市場シェアではなく、特定の顧客からどれだけ支持されるかということのほうが重要だというものだ。

たとえば店舗経営や消費財で考えるとわかりやすい。店舗経営の場合、経験的に言うならば、上位2割の顧客がおよそ売上で4割強、利益で言えば8割近くに寄与しているといわれる。俗にニッパチの法則といわれるものだ。なぜ売上と利益でこれほど率が違うかというと、上位顧客は値引きに左右されないからである。そこで、この2割、あるいは3割の顧客を優良顧客（お得意様）と位置付け、彼らとの関係性の強化に注力する。消費財の場合も、考え方は同じで、常にヘビーユーザーというものが存在する。そのヘビーユーザーを重視するわけだ。店舗経営の場合ならば、チェリー・ピッカーと呼ばれるセールで値引き率が大きい目玉商品だけを買い求める客に依存せず、目玉商品を減らして粗利益率を改善し、その分を原資として優良顧客へのサービスを強化する。

こうした場合の顧客は、ビジネスの対象というよりも、資産として位置付けられるべきものである。伝統的なマーケティング、あるいは営業手法と、こうしたリレーションシップ・マーケティングの違いは、図表のようにまとめることができる。

伝統的なマーケティングとリレーションシップ・マーケティング

顧客の獲得	↓	顧客の維持
市場シェア	↓	顧客シェア
ビジネス対象としての顧客	↓	資産としての顧客
価格と品質の保証	↓	感動と信頼の創造
短期の利潤追求	↓	長期の関係構築

●他社、そして顧客とのアライアンスの必然性

しかし、長期的な視野に立った関係性の構築とは言っても、顧客のニーズは速いスピードで変わっていく。商品のコモディティ化が進み、成熟市場が一般的である現状ではあるが、B to Bの場合、顧客はビジネスの差別化を求め、次々と課題を提示し、ソリューションを求める。これがB to Cであっても、顧客、つまり消費者は移り気であり、さまざまな情報を得て、経験を積み、次から次へと新しい付加価値を求めていく。こうした顧客の課題を解決し、新たな価値を提供していくためには、常に時間との勝負が求められる。企画立案、開発スピードの加速だ。

日本企業のポリシーともいえる自前主義からの脱却も大事だ。さまざまな形でのアライアンス（提携）、あるいはM&Aが重視される。これらすべてが、時間を短縮するための方法論なのだ。自らの強み、コア・コンピタンスを磨くとともに、必要に応じて自社にない強みを外部から補強していく。そうした姿勢が重要だ。リレーションシップ・マーケティングは、顧客だけに向けられるものではない。

また、顧客のニーズを深掘りし、あるいは広げていったときに、思わぬところに競合が

存在することもわかってくる。それは当然である。それだけ自社のビジネスチャンスが広がっているという証《あかし》だ。その際に、そうした競合を敵と見なすのか、あるいはアライアンスの相手と見て取るのかによっても、その先の戦略は大いに変わってくる。

3Cという分析視点がある。カンパニー（自社）、コンペティター（競合）、カスタマー（顧客）を意味する。たとえばあるビジネスの強み、弱みを分析するに当たって、この3方向から考えてみるというやり方だ。自社の状況や戦略をまず分析する。加えて、競合各社の状況や戦略を分析し、さらに新たな競合の有無をリサーチする。また、顧客は誰か、彼らのニーズはどのようなものか、今後の動向はどのようなものかを分析する。その総合的な判断で、ビジネスの成長性、成功確率を判断しようというものだ。3Cの分析視点は従来は、敵対関係の分析と言っても過言ではなかった。しかし今後は、競合を競争相手としてではなく提携先としてとらえられないかどうかを考え、また顧客は市場としてではなく、資産としてとらえられないかどうかを考えることも重要になる。

MI21パートIのアンケートにおいて、スピード経営と顧客満足を重視する経営者が多かったことは、こうしたビジネス環境に照らして考えてみれば、至極もっともなことだと思われる。そして、こうしたパラダイムシフトを乗り越えるためには、強固なアンビションが必要なことも大いにうなずけるところであろう。

第5章　アンビションを具現化するマーケティング戦略

●需要を創造した事例の紹介

アンビションは大志とか野望と訳されるし、大きな夢と解釈することもできる。このアンビションをマーケティングの領域からとらえると、今までにない需要を創り出そうとする夢とか大志に連なる。まず一つの事例を見ておこう。

最近は商店街の衰退が目立ち始め、多くの商店街において空き店舗が増えつつある。こうした商店街でよく採用される復興策は、空き店舗を集客力のある商業施設で埋めるという戦略である。しかしながら、そうした戦略はほとんど成功せず、集客力の強化を目指して新しく作られた商業施設はせいぜい2～3年もてば良い方だ。

それはなぜか。そもそも空き店舗は商業施設の需要に対して供給が過剰だから生じるのであって、空き店舗の発生は需要量に供給量を合わせようとする結果である。だから、空き店舗を商業施設で埋めることは、その結果を破壊し、再び過剰供給をもたらすことになりかねない。他と差別化された商業施設であれば成功するという意見もあろうが、その実現はきわめて難しい。それは、他と差別化され、かつ、相応の需要量を生み出すことができる商業施設とは何か、という問題を直接に解くのは難しいため、作られた商業施設はどうしても同質競争に巻き込まれてしまうからである。

それではどうしたらよいか。商業施設を作る前に需要を創っておくのがいい。これからは、おそらく、モノやサービスを具体化する前に需要を創る、という戦略が必要になるであろう。そこで、事前に需要を創るためにはどうすればよいだろうか。それには顧客と関係性を築いておくことが重要であり、この関係性を積極的に構築していこうとする背景にはアンビションが大きく作用している。

こうした事前需要創造および関係性構築の事例として、東京都品川区にある中延《なかのぶ》商店街において沢田藤司之《としゆき》氏（NPOバリアフリー協会専務理事）が主導した戦略の一部を紹介してみよう。

中延商店街にも空き店舗が発生した。沢田氏は、この空き店舗を埋めないで、そこに机を置き「街のコンシェルジェ」として機能させることを商店街に提案した。商店街がこの提案を受け入れたことから、中延商店街の、今までに想定しなかった新たな展開が始まった。

「街のコンシェルジェ」の仕事は、来街者に「中延商店街にどんな問題を解決してもらいたいかおっしゃってください、それを解決する仕組みをつくります」と働きかけることから始まった。このような働きかけから意外なことがわかってきた。多くの来街者は「今のところ他の商店街も利用できるので空き店舗を埋める必要はない、むしろ他の商店街でしていないことをしてほしい」という意見だった。では、その「していないこと」とは何かというと、たとえば30〜40歳の主婦であれば「子供を幼稚園に送り迎えする間、家の留守番をしてほしい」、高齢者であれば「家にきて料理をつくってほしい」「枕元で本を読んでほしい」、不器用な人であれば「壊れた電灯を取り替えてほしい」などという生活サービスを商店街に要求していた。そこで、「街のコンシェルジェ」ではこうしたサービスができる人を商店主や顧客からその都度募集して要望者に紹介するようにした。こうした活動を通して、商店街と来街者との関係性が築かれていったのである。

現在では、サービスメニューが多様化したにもかかわらず、サービス提供者が組織化され、さらに支払いは地域通貨でなされるようになり、即座に要望に応《こた》えられるようになっている。ここで、商店街と来街者との関係性はさらに強化され、来街者の側から「中延商店街にはこういうビジネスがよい」という提案もなされるようになり、商店街というものが今まで考えられなかった新しい需要を創造できるようになっている。

そして、来街者から「空き店舗をこういう施設で埋めれば我々は必ず利用する」という声も出てきた。まさに、施設を作る前に、関係性をベースにして需要（事前需要）が創造されたわけである。

●「創発」を取り込む戦略の展開

沢田氏が中延商店街で採用した戦略を見ると、そこには「今まで想定していない需要を摑《つか》みたい」「そのために顧客との関係性を築き、そこから生み出される流れに乗りたい」という「想い」を読み取ることができる。

沢田氏が確固たる計画をしたのは「街のコンシェルジュをつくり、これによって顧客との関係性を強めていく」ということであって、どんな需要をとらえどんなサービスを展開するか、ということに関しては明白に規定せず、むしろ顧客との関係性から生まれる偶然を戦略に取り込もうとしている。このことによって、他の商店街が思いつかなかった新しい戦略を生み出すことができたのである。

思いがけない偶然に遭遇し、それが大きな流れを形成していく事態を「創発」と呼ぶことができる。沢田氏の戦略の特徴は「創発」を見出し、これを取り込んでいくためのプロアクティブなマーケティングにあったといえる。

人間は、何か大きなことをしようとする（大志を持つ）とき計画をつくり、その実行を管理しようとする。当初の計画を何が何でも実行しようとする意欲は確かにアンビションの一部に含めることもできるが、ここでいうアンビションはよりダイナミックな概念を内包している。我々を取り囲む環境、とりわけビジネス環境は常に変化しており、我々はその変化を素早く捉えることで「創発」を取り込み、新しい飛躍をすることができる。そのようなとき、当初の計画を変えずに予定した行動の実現に固執すると、予定から外れた状況への対処を省略してしまう（ともすればこのことが効率的だと評価される）ことになり、「創発」を取り込む契機を掴み取ることができなくなる。本章でいうアンビションに基づく計画は、当初の予定に固執するのではなく、「創発」を見出し、これを取り込んでいくための骨太な計画であり、偶然の事象を真摯《しんし》に見つめ、当初の予定を柔軟に変更していくものである。

●マーケティングにおける「創発」の特徴とアンビション

「創発」はさまざまな局面で観察されるが、それは異なる主体同士の相互作用、あるいは主体と客体の相互作用から生み出される。マーケティングでは、その固有性を考慮すると、企業と顧客との相互作用から生み出される「創発」に注目すべきであろう。このことを議論する前に、まず、「マーケティングは顧客と関係を結ぶことを主たる目的とするものである」ということを確認しておこう。

市場では、そのメカニズムを考慮に入れた経済計算に基づく合理的な取引を展開できるようになる、と我々は教えられてきた。これは必ずしも正しくはない。なぜならば、市場メカニズムだけに囚《とら》われると、市場価格よりも高く売ることは難しい、寡占企業の市場支配に屈してしまう、などという外的な圧力が強く企業に働き、この圧力を何とか緩和しない限り、企業は自律的な生存・成長ができなくなるからである。そうした圧力を緩和するために、企業は、顧客と何らかの関係を築き、その愛顧を勝ち取ることを目的とした独自の行為を展開するようになる。この独自の行為こそがマーケティングである。すなわち、企業が、市場メカニズムに埋もれることを避けるために、顧客との関係性を築こうとするのがマーケティングであるといえる。たとえば、広告によって顧客のロイヤルティを得ようとするマーケティング行為は、顧客との関係性を築こうとする行為そのものであると同時に、それは、市場メカニズムからの影響を極小化し、独自の意思を顧客に受け入れてもらうことを予定しているのである。それ故に、マーケティングは、市場に関係性を貫き通そうとするものであり、これがマーケティングの本質的性格を構成する、と考えることができる。

さて、マーケティングにおける「創発」の固有性は、顧客と企業との関係性の中にその契機が見出される、という点にある。この関係性を強化していくことに夢を抱き、これを徹底的に戦略に生かそうとする意欲とか大志こそがマーケティング・アンビションであると私は考える。

●「提案―成果」の持続的展開

「創発」の温床となる関係性をどう築いていくか。次にこのことを論じてみよう。

企業と顧客との関係性は常に市場にさらされており、そこでは顧客は自分にとって高い成果を約束してくれる企業との関係を選択的に強めようとするため、自社との関係性に顧客を取り込もうとする激烈な競争が展開される。こうした状況において関係性を築くのは決して容易なことではない。ここでの関係性は、他社とどこで差別優位を持つか、ということが顧客に明白に意識されるものでなければならない。市場にさらされているために、差別優位を確保できない関係性は関係性たり得ないのである。市場の中で関係性を維持できるためには、顧客が当該企業と関係を持つことに魅力を感じ、その魅力が差別化されたものでなければならない。このような関係性の魅力をつくり出すために企業は何をしなければならないか。

関係性の魅力は企業と顧客との相互作用によって生み出されるが、特に関係性構築の初期において、また、そのレベルアップの契機として、企業から顧客への働きかけが決定的に重要となる。この場合の働きかけとは、企業から顧客へ何らかの提案をすることを指すが、それが顧客に魅力を感じさせるものでなければならない。そのような提案は顧客に大きな期待を抱かせるものである。顧客は企業にこのような期待を抱くと、企業の成果がどのようなものであるかを熱心に評価しようとする意欲が高まる。この意欲こそが顧客から企業への働きかけを促す決定的な動因ともなる。ここに、提案による企業から顧客に向けての働きかけと、評価意欲を動因とする顧客から企業に向けての働きかけ（これは顧客から企業への提案そのものでもある）との相互作用が生ずることになる。この相互作用の繰り返しこそが関係性そのものであり、「創発」を生み出す土壌となるのである。

ここで、次のことに注意せねばならない。企業は、魅力ある提案とそれに見合う成果物を、1回限りではなく、何回も顧客に提示し続けていく必要がある、ということだ。つまり、「提案（でもって顧客に働きかける）―成果（を顧客に感じ取ってもらう）」の持続的展開を顧客に示すことである。市場での競争にさらされているため、差別優位を持つ働きかけを1回で終えるのではなく、次から次へと異なる働きかけ、あるいは、高次化された働きかけを展開していかねば、魅力ある関係性を維持することはできない。ここで、関係性は決して静的なものではなく、進化する「提案―成果」の動的な維持によってつくり出される、ということを確認しておくべきだ。だから、顧客を囲い込んでおけば安心だ、という考え方は関係性とはまったく別のものであるといえる。

たとえば、先述した中延商店街では新しいサービスを顧客に提案し、その成果を顧客に感じ取ってもらう行為を常に展開している。このことが、顧客をして「中延商店街は我々のことを常に想っている」という好感を抱かせ、関係性を強化していく大きな駆動力となっている。それだけではない。そのことは、顧客と商店街との相互作用を活発にし、「創発」を生み出す基礎をつくり出しているのである。関係性がひとたび築かれたとしても、その関係性の中で「提案―成果」の進化を目指す果敢な行為が展開され続けない限り、それは直ちに弱体化していくであろう。

関係性を維持・強化していくために、企業は常に「提案―成果」の進化を顧客に示していかねばならないが、これを効率的かつ効果的に実行しようとするためには自社が未来に向けてどうあるべきかという理念を持つことが必要である。このような理念に向けて自社が突き進んでいることを顧客に示すこと、これが「提案―成果」を展開していく背景として効果を発揮し、ひいては関係性の維持・強化となっていくのである。理念を持ち、その理念に向けて企業が突き進んでいくこと、これがマーケティング・アンビションに連なっていくのである。

●マーケティングのプロとしての商人に必要な資質

以上、マーケティング・アンビションについて論じてきたが、ここで、そうしたアンビションと関連づけられ、かつ商人に必要とされる資質について述べてみよう。

商人（ここでは商法でいう商人を指し、商行為を展開する主体を意味しているため、ほとんど全てのビジネス主体が商人に含まれる）はビジネスやマーケティングのプロとして位置づけられるが、そうしたプロに必要な基本的能力とはどのようなものであろうか。それは機会主義の発揮という概念で表現できる。機会主義には二つの解釈がある。まず一つは、ウィリアムソンやコースの流れをくむ取引コストの理論を研究する経済学者がいう機会主義で、それは他人に先駆けてルールを破り利己的に振る舞う、といった経済行為を意味する。いま一つは、経営学者バーナードのいう機会主義で、それは戦略構築能力を指す。ここでいう、商人の基本的能力としての機会主義は、この戦略構築能力を指している。

戦略を構築するためには、まず、このままで進めば何が成長の阻害要因となるか、といったような制約要因を発見しなければならない。これを見つけ出し、それを打破する策を講ずるのが戦略の重要な側面である。その発見した制約要因が大きければ大きいほど、それを解決すれば他者と大きく差別化できることになる。小さな制約要因の発見では日常的な行動そのものであり、戦略的な意味は小さい。

セコムの創業者である飯田亮《いいだまこと》氏は、大きな制約要因の発見・克服によって現在のセコムの成長基盤を築き上げたといえる。日本警備保障（現在のセコム）などが警備サービスを日本に導入してからその需要は急速に拡大していった。警備会社の各々は、そうした需要の拡大を享受し、積極的な規模拡大を図っていた。そこには成長にとっての大きな制約要因があったが、それに逸早《いちはや》く気づき、これを克服したのが飯田氏であった。その制約要因とは、当時の警備サービスがガードマンを顧客のところに常駐させるシステムであったため、顧客が増えれば増えるほど人件費が嵩《かさ》み、時が経るにつれ、これが売上高の成長を超える恐れがある、というものであった。飯田氏は人より早くそれに気づき、これを克服する策として、ガードマンを顧客のところに常駐させず、顧客のところに多数のセンサーを置き、事故が起こるとそうしたセンサーが情報ネットワークを通じてしかるべき場所からガードマンを呼び出す、というシステムを構築した。これによってセコムは圧倒的なコスト優位を確保しただけでなく、センサーと情報ネットワークの機能を基盤として事業の多角化を図り、大成功を収めてきた。

●商人が変動期をつくり出す

制約要因を発見し、これを打破する機会主義が最もその威力を発揮するのは、革新的行為によって、あるいは、さまざまな外部要因によって生み出される変動期においてである。安定期においては、それまで培ってきた技術力やブランド力、顧客基盤をテコに規模の経済性を生かし、コストを下げ、シェアを拡大するという戦略の展開も可能で、一般に上位企業がこうした戦略を採用して下位企業の生存領域を狭めていく。下位企業がこのような文脈を容認し、これに依拠してしまうと、制約要因を発見できず、それができてもこれを打破することが困難なため、低位安定に甘んじることになる。推察される通り、こうした安定期には「創発」が生じる確率は小さい。

変動期にはチャンスが訪れる。たとえば規制緩和、IT革命、グローバルスタンダードの本格化などといった外部要因は変動期を生み出す方向に作用する。このような変動期には、下位の企業にも制約要因を発見・打破するチャンスが生まれる。上位企業にとっては、過去の累積経験を生かす戦略を採用している限り、こうした変動期は脅威そのものとなってしまう。上位企業も、こうした変動期では、新しい戦略展開機会を積極的に探り出さざるを得なくなる。要するに、変動期では機会主義の発揮のみが企業の成長を保証するが、ここでは、過去の計画が効かなくなるため、特に、「創発」の取り込みが決定的に重要となる。

もちろん、単に変動期を気長に待つのではなく、変動期が訪れるのを早めに予測し、その流れを加速させることができるし、さらに言えば、変動期を待たずに制約要因を打破する戦略を展開することによって独自の変動期をつくり出すこともできる。たとえば、先に例として挙げたセコムは、ガードマンの常駐による安全管理を情報ネットワークによる安全管理に切り替える変動期を自らの手でつくり出し、これを契機として圧倒的な競争優位を確立したといえる。いずれにしても、機会主義を積極的に展開すると、それは変動期の発見・加速・創出を促すことになる。すなわち、商人は、機会主義の発揮によって、時代を変えることができるのである。これも「創発」の取り込みに結びつくことになる。

●マーケティングが商人を鍛える

商人とは、利潤を得るために変動期の発見・加速・創出を促すことを目指す主体――言い換えれば「創発」をビジネスに取り込む主体――であって、そこでは大きなリスクを担うことになるので、相応の冒険心・先見性・実行力が必要となる。この冒険心・先見性・実行力こそが商人をして他と区別させる基本的な人間属性だと私は思っている。

私が言いたいのは、現代の大企業は、ともすれば上述のごとき人間属性を発揮しにくい主体になる恐れが多く、それこそが現代企業の危機でもある、ということだ。現代の企業は、商人と規定されながらも、その多くは、株式会社にその典型が見られるように物化された商人主体、すなわち法人である。ここに重大な問題を生じさせる種が存在するのである。法人は組織として動くため、そこでは、非人格的に制度化されたルール（物化されたルール）による制御が必要とされる。ところが商人の基本的属性たる冒険心・先見性・実行力は個人の人間性に根ざすものである。したがって、物化されたルールで組織が動くものの、そこに商人属性という人間的なものをどう取り入れていくかが企業たる現代商人の最大の課題となるはずである。

上述のような課題を解決するにはアンビションに裏づけられたマーケティング戦略の展開が最も有効である。

マーケティングは市場で展開される人間的行動を必ず含むものなので、相応の人間的能力を組織に定着させることができる。ここでいうマーケティングは、先に述べたように、顧客との関係性を築きつつ、進化する「提案―成果」の提示を繰り返していかなければならないもので、これに失敗すると顧客はその関係性から逃げてしまうことになる。このようなマーケティング行為を展開する人々は、その行動の中で冒険心・先見性・実行力を養うことができるであろう。すなわち、マーケティング戦略を積極的に展開することそのものが、企業の組織内に人間的商人属性を取り込む効果を持つことになるのである。

既に述べたように、マーケティングは市場の中に関係性を貫き通すものである。その関係性は、企業と顧客との相互作用に基づくものであるが、それが市場にさらされていることを考えると、競争上、企業は常に顧客に差別優位な働きかけをしていかねばならない。

それは、顧客がどんな問題を抱えているか、その問題を解決するための顧客にとっての制約要因は何か、さらに、その制約要因を克服するための方法論は何か、ということについての「提案―成果」の提示である。こうした提示を進化させつつ、それを継続的に展開していかねばならないのである。このことは、まさに、商人の機会主義の発揮とその持続的学習を意味する。すなわち、マーケティング戦略の展開によって商人としての能力が研ぎ澄まされていくのである。

第6章　創造的瞬間がアンビションを確信に変える

「創造的瞬間（Creative Moment）」

時間の流れが一瞬止まり、今まで自分を縛り付けていたフレームの力が弱まり、逆に内的なイマジネーションやアソシエーションが活性化される瞬間（森俊夫「未来の想起」『現代思想』Ｖｏｌ．25-12、１９９７年）。

●跳ばない経営者は管理者にすぎない

以前、松下電工の故三好《みよし》俊夫会長と対談する機会があったのだが、そのとき三好氏は、しきりに、「経営者は『強み伝いの経営』を避けなければならない。経営者は跳ばなければならないのだ」と言われていた。そのところを再現すると、

「時代は流れているから、流れを見てやっていくと誰もが言うわけです。しかし、そこには谷間があって、そこはもう一つ跳ばないといけない。跳ぶのが企業の経営者なのです。私は変な造語をよく作りますが、跳ばない経営者が多いのです。跳ばない経営者は、経営

者ではなく管理者なのです。現代の経営においていかに世の中に経営者でなく管理者が多いことか」

さらに、管理者的経営者が陥りがちな「強み伝いの経営」の問題にも触れる。

「自分の分野のドメインの中で改良商品を作ってやる。それを松下電工では『強み伝い』と言っています。自分が持っている技術、販売網、人間を利用して一歩ずつ尺取り虫的に伸ばしていく、これは自然の方向です。ほとんどの会社がこうした『強み伝い』に動こうとしているわけです。このやり方は、管理者がいれば十分で、経営者不在でもやっていけます。……これだと、会社が潰れるのを食い止める力はあるかもしれないが、伸びはしない。『強み伝い』でやっていくうちに、だいたい斜陽産業になってしまうのです。いつかは世の中が変わって、そのうちにだんだん自分のおかれている場所は小さくなってくる。自分は『強み伝い』に動いたつもりなのだが、社会の動きに合わせたつもりなのだが、社会の動きの方が企業の動きよりはもともと大きいということだと思います」(三好俊夫「経営の現代化は情報公開にあり」『ビジネス・インサイト』第2巻第2号、1994年)

経営者は跳ばなければならない、と三好氏は言う。この話を、今回の共通テーマである「マーケティングとアンビション」の問題を考える手がかりにしよう。さて、三好氏の言葉はそのまま、「経営者らしい経営者とは、アンビションを持った経営者のことだ」と言い換えることもできる。しかし、いくらアンビションが不可欠だからといって、無意味なアンビション、あるいは無茶なアンビションであってはならない。少なくとも、他人を説得できるようなアンビションでないと、それに向かって組織を動かす手がかりさえない。

●アフォーダンス理論に見る創造的瞬間

「アフォーダンス理論」という理論がある。生態学的心理学という名で呼ばれることもある。環境は人間（あるいは動物）に対して、何かなすべきことを誘っている、そのメカニズムを明らかにしようという理論である。小さい子どもが初めて手にしたゲーム機械を、説明書を読まなくても自然に扱えるとしたら、その機械は子どもたちをアフォードしていると言える。あるいは、建物の中に入っていくとき、ここが入り口ですと書かれていなくても、それと意識することもないままに自然と入り口のドアを押して中に入ることができたとすれば、その入り口は同じように我々をアフォードしているということになる。人に優しいデザインなどといったことを考えるとき、この理論は重要な手がかりになる。

さて、その理論を紹介するのが意図ではないので下手な解説はこのくらいにして、わざわざ難しい理論の紹介から入ったのは、この理論を解説する中で取りあげられていた興味深い一つの事例を紹介したかったからだ。それは、事故で両脚を失った人が、どのようにして新しく泳ぎをマスターしていくかという話である。

事故で両脚を失った人が水に入ったとき、つい脚があった頃の動きをして泳ごうとする。しかし、ばた足はできなくなっているので、自由形の泳法では溺《おぼ》れてしまう。もちろん平泳ぎもできないだろう。そこで、彼には新しい工夫が必要になる。水の中で悪戦苦闘する中で、一種、横泳ぎに似た横滑りのような泳ぎ方をマスターしたというのだ。

この事例から、二つのことを指摘したい。一つは、自己流の横泳ぎに似た泳法をマスターしたその瞬間というのは、彼にとってみればまさに「創造的瞬間」にほかならないということである。自由形や平泳ぎといった泳ぎに関するこれまでの考えのフレームの力から解放され、内的な想像力や連想力が活性化したのだ。

考えてみれば我々にも、そうした経験は数多くある。いくらやっても水に沈むしかなかった身体がふわっと軽くなって、4～5m泳ぐことができた瞬間。怖くて乗れなかった自転車が、あるとき、いとも軽やかに操作できた瞬間。それは、まさにここで言う、創造的瞬間なのである。それは、いわば、「悟り」の瞬間ともいえる。

第2に、それは彼にとって環境の定義が変わった瞬間でもある。自由形の場合、手をかいてそれを推進力にして前に進む。それは、水の粘性（抵抗力）を推進力に変えていることを意味する。自由形で泳ぐ泳者には、彼の環境とは水の「粘性」のことである。横泳ぎに似た泳法で泳ぐ両脚を失った人にとって重要な水の属性は、しかし、粘性ではない。「流動性」だといわれるのだ。この事態を、河本英夫氏は次のように述べる。

「……環境はもはや水一般ではない。自由形のように水の粘性による反発を利用して前に進むよりは、身体の周りに水の動きを作り出し、その動きに乗るようにして身体を横滑り風に移動させている可能性がある。水中では体重は六分の一程度になっており、みずからの作り出した水の流れに乗ることは十分可能である。そしてこの動きの継続を獲得したとき、まさにそのことによってはじめてこの環境（水の流動性）が形成されるのである」（河本英夫『オートポイエーシス2001』新曜社、2000年、124-125頁）というわけだ。

そして、こうした新しい泳法が可能だとわかったそのとき、それまでの、そして普通思うところの「水」という環境定義は粗雑だったということがわかる。

「……身体行為の継続の形成によって、この継続が相即する環境が、それとして区分されていることになる。これは身体条件が変化したために、新たな適応を行ったということとは異なる。身体行為が新たな作動の回路を獲得したとき、それと相即的に環境が区分されているのである。つまり同じ水という環境設定がもはや粗雑にすぎるのである」（河本英夫、前掲書）

結局、「泳ぎたい」というアンビションが、これまでの（泳ぐという）継続する行為の回路とは異なる、新しい「行為の作動の回路」を生み出す創造的瞬間を導くこと、同時に、その行為が継続する回路にふさわしい環境属性が新たに識別されること、これが興味深い点だ。そして、いったん水の新しい属性が識別されれば、さらにそれにふさわしい、より合理的な泳法改善に向けて努力が重ねられることは言うまでもない。

●アンビションが誘発する創造的瞬間

ビジネスでも同じことが言えるのだろう。以前、別の機会に紹介した例だが一つ取りあげておこう（石井淳蔵著『ブランド　価値の創造』岩波新書、１９９９年）。

高度成長を続けてきた自販機ビジネスも、関係者の間では危機感は高い。自販機１台あたりの利益が鈍化し、適地となるロケーションは少なくなり始めている。コンビニエンスストアとの競合は厳しいし、環境問題の声も大きい。しかし、その一方で、新機軸はなかなか生まれない。最大の危機に直面していると言う人もいる。おそらく、自販機の見方を変えなければならないのだろう。「自販機は、缶飲料などを売る機械だ」という前提の中で、成長軌道を一気に駆け抜けてきたシステムが、いよいよその限界にぶち当たったとすれば、「自販機は、缶飲料などを売る機械だ」というその前提自体をいよいよ疑わなければならない。前提は、しかし、いかにして疑われるのか？

たとえば、次のような情景を目にすることはないだろうか。営業マンが道を急いでいる。そのとき、何気なしに横を見る。自販機が目に入った。「うん、缶コーヒーでも飲もうか」と思う、こういう情景である。

この情景を見た瞬間、現状に強い危機感を持ち、新しい試みを目を皿のようにして探し求めている経営者であれば、自販機の定義が変わっていることに気づくだろう。それは、まさに、「時間の流れが一瞬止まり、今まで自分を縛り付けていたフレームの力が弱まり、逆に内的なイマジネーションやアソシエーションが活性化される瞬間」、つまり「創造的瞬間」である。どういうことか。

飲料自販機は缶飲料などを売る機械である。これが自販機の定義であり、誰も疑わない。人は、缶飲料が欲しくなれば、近くの自販機まで買いに行く。それが普通の使い方だ。消費者は、缶コーヒーが欲しいのであって、自販機はその手段にしかすぎない。自販機の定義はそのことを示している。その定義にしたがって、各メーカーは、自販機の数を増やし消費者のできる限り近いところに自販機を設置することが、業界発展の源であったし、競合各社に対する競争優位の源でもあった。

しかるに、この情景は違っている。重要なことは、この情景の中に登場する営業マンは、別段、何かを飲みたいと思っていたわけではない。思っていたわけではないが、自販機を見たとたん、缶コーヒーを飲もうと思ったわけである。ここでは、舞台の主人公は、缶飲料から自販機に移っていることに気づいてほしい。まさに、「自販機が欲望を生み出した」のである。今まで、欲望を満たす手段と見なされてきた自販機が自ら、消費者の欲望、「缶コーヒーでも飲んで、一息つこうか」という欲望を新しく生み出しているのである。

①缶飲料が飲みたい→自販機を探す

②自販機に出会う→缶飲料が飲みたい

①と②の違いは、部外者にはたいして意味のある違いには見えないが、自販機ビジネスの当事者には、とびきり大事な違いだろう。わかるだろうか。欲望を媒介する装置だとばかり思っていた自販機が欲望を生み出したのだから。

「創造的瞬間」に必然の世界が続く。「ちょっと一休み」というコンセプトの自販機スタンドの開発やリフレッシュ・コーナーの展開、いろいろとあるだろう。これらの新機軸が当たるかどうかは保証の限りではないが、少なくとも発展のための一つの芽であることははっきりしている。

こうした創造的瞬間に立ち会えた企業にとって、世界はそれまでとはまるっきり違って見えてくる。新しい環境属性が顕在化するのだ。自販機の場合、それまで、のどの渇きとか甘みが欲しいという属性が軸だったものが、「安らぎ」という軸が見えてきたわけだ。他の企業と違った独自のポジションを確立している企業、そして生存のために独特の環境属性を発見し結果として他の企業とはひと味違う環境定義を試みている企業というのは、こうしたプロセスを経験している。

●偶然がもたらした創造的瞬間の重要性

この2つの話は、新しい戦略を求める強いアンビションを持つことによって、はじめて創造的瞬間に出会えるという話である。それは経営者も、事故で両脚を失った人も同じだ。逆のケースもある。創造的瞬間にたまたま出会ったことによって、アンビションが芽生えるというケースだ。

少し古い話になるが、西武百貨店の「不思議、大好き。」の話がピッタリのケースだ（石井淳蔵著『マーケティングの神話』日本経済新聞社、1993年、312-314頁）。上野千《ち》鶴子《づこ》さんは、そのあたりの事情を次のように書いている。

1981年に「不思議、大好き。」のキャンペーンが始まる。これは80年の「じぶん、新発見。」に引き続いて、コンセプトと映像表現の両方で強烈な印象を与えた。「不思議、大好き。」キャンペーンの発端は、偶然のものである。もともと池袋店10期オープン催事の一環として、エジプト展の企画が決まっており、それと引っかけたキャンペーンはできないかという提案が出発点であった。この広告の誕生にあたっても、堤（清二・当時会長―筆者註《ちゅう》）の決裁とリーダーシップは発揮された。1981年の日本にエジプトという組み合わせは、たんなる偶然にすぎない。堤はそこに、「必然性」を求めた。制作を担当した浅葉克己は、81年度の準アサヒ広告賞入賞の辞の中でこう書く。「不思議、大好き。」のキャンペーンのプレゼンは、堤会長の一言で決まった。「浅葉君、一緒にエジプトに行こう」この瞬間にパチパチと音を立てて、僕の頭の中で、イメージが爆発した。（上野千鶴子「イメージの市場：大衆社会の『神殿』とその危機」セゾングループ史編纂委員会編『セゾンの発想』リブロポート、1991年）。

ことの起こりは偶然であったが、それ以降の西武百貨店の取り組みは偶然ではない。上野さんは、それ以降の流れを次のように述べている。

まず、「不思議、大好き。」のコピーに触発されるように、その後、つぎつぎにテーマ・キャンペーンのCFが制作された。「不思議」という記号だけで集められたキャンペーンには、「世界の不思議文化遺産」「生活の身のまわりの不思議」「科学・メカの不思議」「人間のもつ不思議」「動物のもつ不思議」「日本の中の不思議」といったように、多面的な分野に向けて強いイメージ喚起力をもったのである。

それに加えて、さらに大きい広がりでの影響を、上野さんは指摘する。

「不思議、大好き。」に至って、非日常空間としての都市、異質なものとの出会いの場というスペース・メディアとしての百貨店がはっきりと意識されている。80年代は、東京一極集中のもと、未曾有《みぞう》の「都市の時代」が到来し、空間の価値がかつてないほど稀少化した時代であった。コミュニケーションの高度化や濃密化は、空間の意味を無化するのではなく、かえって高めたのである。祝祭性と非日常性をますます高めたのである。祝祭性と非日常性をますます高める体感メディアとしての都市空間は、ルネサンスを迎えた。「都市への誘《いざな》い」として「じぶん、新発見。」と「不思議、大好き。」のコンセプトは、明快な像を結んだ。（上野千鶴子、前掲書）

これはまず創造的瞬間ありきの話になる。「不思議、大好き。」という時間に迫られたバタバタとした状況の中で偶然生まれたコピー。それが、西武百貨店のイベントを支えただけでなく、80年代の都市百貨店に、非日常性や祝祭性という新しい方向づけ（＝アンビション）を与えるものとなったのだと、上野さんは評価するのである。

自販機の話はアンビションこそが創造的瞬間を識別させるという話、そして「不思議、大好き。」の話はたまたま創造的瞬間に出会えたことで偶然、アンビションが生まれてきた話であり、それぞれに筋道は違っている。というのは、前者はアンビションが創造的瞬間を導く話であり、後者は創造的瞬間がアンビションを導く話だからである。

とは言うものの、いずれの話も後から再構成された話なので、ちょっと極端な話になっているきらいはある。実のところは、そうした偶然と必然が両方おり重なって一つの現実を作っているというのが本当のところだろう。

大事なことは、創造的瞬間という偶然とアンビションという必然が両方揃ったとき、「経営者に、一つの方向性についての確信を与える」ということなのだ。

経営者がこのアンビションで行けるという確信と、そしてあれこそが転機だったという創造的瞬間とは、相互に支え合っているのだ。つまり、「私が求めるアンビションとは、まさにこのことだったのだ」という確信は、あの創造的瞬間があったことで強化される。逆に、あの創造的瞬間は、そのアンビションが顕在化したことで、それがかけがえのない創造的瞬間であったことが改めて納得されるという仕組みである。

●アンビションと創造的瞬間は相互に支え合う

アンビションと創造的瞬間とは相互に支え合って、経営者に新しい戦略についての強い確信を与え納得をもたらす。ここから、2つの実践的な意味を引き出すことができる。

第１に、これまでよく、「小さい成功でも、成功体験は大事だ」といわれてきた。しかし、漫然といつもの仕方でやっていて成功したからといって、おそらく誰もそんなことで成功することは大事だとは思わない。アンビションを持つこと、そして目から鱗《うろこ》が落ちるような創造的瞬間を経験することこそが大事なのである。特に創造的瞬間については、いくらそのことを力説しても、それを経験したことのない人には通じない。一度もフルスイングで300ヤードを飛ばしたことのない人間に、300ヤード飛ばすコツをいくら説明しても通じはしないのだ。創造的瞬間に関しては、経験こそが理解力の源泉なり、である。

第2に自分勝手な思い込みのアンビションでは、誰も協力できない。しかし、だからと言って、アンビションはいまだ実現されざる現実であるため、証拠を示してその実を立証するわけにもいかない。その狭間《はざま》で、説得力のある方法でアンビションを語ることができるかどうかが一つの鍵になる。アンビションを裏打ちする重要な手がかりは創造的瞬間だ。アンビションの背後にそうした経験を積んでいる経営者は、自身がそのことを確信している分だけ、説得力をもってそのアンビションを語ることができる。

●産業という定義すらも消え行く運命にある

創造的瞬間とアンビションとが、両方支え合いながら、新しい現実を作りだす駆動因となる、そのメカニズムがあるのではないかというのがこれまでの議論の骨子だ。これが、今世紀の経営にとって鍵《かぎ》となるメカニズムだということを、最後に指摘しておかなければならない。少し深く考えてみよう。

近代という時代を特徴づけるとすれば、一つは個人の強い自我、もう一つは合理的な官僚制を挙げられるのではないだろうか。揺るぎのないアイデンティティをしっかりと自覚し、それに基づいて目的＝価値を設定し、最適な手段を採用する誠実で合理的な個人。マックス・ウェーバーが考えた近代の人間像はこういうものだろう。その延長線上に、おそらく官僚制組織がある。それは、合理的な人間のまさに組織的な表れである。それは、ある決まった目標のために最も合理的な手段を選んで、着実にその目標を達成するために作られた近代にふさわしい組織制度であり、確かに近代の成長を支えてきた。最初に紹介した「強み伝いの経営」とは、まさにそうした時代の産物ではなかっただろうか。

近代とは、個人も組織も揺るぎのない目標を立てることができ、それこそがそれぞれの成長を支える柱だと信じることができた時代だったといってよいのだろう。そうした揺るぎない目標を立て着実にそれに向かって進む、そういう前提をもった社会において、誰もが納得する戦略を示すのは、今から思えば簡単だったろう。ついしばらく前のわが国の経済・経営を振り返っても、経営者は自らの業界の動向を分析し、競争相手を定めてその戦略を分析し、翻《ひるがえ》って自社の経営資源や組織の強みと弱みを分析することで、次なる戦略を定式化できた時代だったのだ。たとえば、鉄鋼業という揺るぎのないアイデンティティ。その業界の中で長年にわたって安定した市場地位。こうした前提のもとに戦略が練られてきたのではなかったか。

しかし、21世紀に入りかけた頃から、様子は違ってきている。少なくとも、「産業」の境界が、当事者はもちろん、第三者の目で見てもあいまいになってきた。たとえば、小売業と金融業と情報業と製造業者の境目がわからなくなっている。

産業があって（つまり、技術や顧客や競争相手を不変の存在という前提としておいて）、戦略が練られるのが旧世紀の経営者の戦略構築の姿だったとすれば、今世紀においては逆に、ボストン・コンサルティング・グループのエバンス＆ウースターが『ネット資本主義の企業戦略』で言うように、経営者が独自の発想のもとに編み出してくる戦略が産業を創り出していく時代になりつつあると言ってよい。

つまり、これまでの経営者であれば、「我が産業において、我が社の競争優位はどこにあるのか」と、産業という外的な所与の条件に頼って次の戦略を練ればことはすんだ。技術の能力が限られていたことや、政府がそうした経済的枠組みを維持しようとしたこと等々、さまざまな理由がそこにはあった。とにもかくにも、「産業」は安泰だったのだ。同じ産業の中の競合にシェアを奪われる危険はあっても、産業自体がなくなる事態を想定する必要はなかった。小売業は小売業、AVメーカーはAVメーカー、自動車メーカーは自動車メーカー、銀行は銀行、電話会社は電話会社同士で競争するだけで、それぞれの産業を支える技術や顧客（のニーズ）は、変わらず存在するという確固とした前提があったのだ。

しかし、今はそれでは収まりがつかなくなっている。産業を境界づける技術やニーズは揺らいでいる。「戦略構築において産業分析や市場地位分析の考え方はもはや無用の長物」というわけではないが、その意義が薄れているのは確かだ。まさに、経営者の、産業概念を超えた構想力が要求されているのだ。

それは、しかし、言うは易く行うは難しである。実際、産業を念頭に置かず、戦略を練ることがはたして可能だろうかと考えてみればわかる。すぐに気づくだろうが、産業という概念があるから、競争相手を定義できたし、自社の経営資源の強みや弱みを定義できたし、顧客や顧客のニーズも定義できたし、我が社・我が事業のミッションも定義できたのだ。「産業概念を超えて」と言うのは簡単だが、実際、戦略構築において産業という前提を取り払ったとき、経営者の前から頼るべき根拠のほとんどは失われることになる。そのとき、何を根拠に、次の戦略に向けて意思決定をすればよいのか。まるで宙づりになったように、意思決定はちょっとしたことで大きくぶれてしまうことになる。

今世紀とは、こうした時代なのである。MI21プロジェクトのパートIの調査において、多くの経営者が、「アンビションが大事だ」と言った事情は、そのあたりにあると私はにらんでいる。

「着実に与えられた目標をこなすことが大事だ」「変わりなく決められた目的を徹底的に追求することが課題だ」と考えられた時代が近代という時代だったとすれば、「強み伝いの経営」というのはその時代の経営方式そのものだ。しかし、新時代になって、まさに跳ばなければならないのだ。確固とした前提が欠けた時代、ビジネスは絶えず再定義を求められる中で、跳ぶことが経営者の課題となる。

跳ぶために不可欠の条件は、すでに述べたように、アンビションを持つことである。そうすることで、日常の活動を超え、しかも説得力のある戦略を構築する手がかりを得ることができる。今世紀の企業の経営者に要求される要件とはこうしたことなのだ。しかし、アンビションを持つだけで、そのアンビションへの揺るぎのない確信を得ることは難しい。そこには、創造的瞬間が不可欠なのだ。

現代という時代にあって、私は、「創造的瞬間に出会う」ためにどうするかということが非常に大切だと思っている。創造的瞬間に出会う経験を積むための工夫はもちろん大事な工夫だ。あるいはそれ以前に、一瞬にして目の前の風景が変わってしまう瞬間があるということ、そしてそれは何にもまして重要な瞬間だということに気がついてもらう必要がある。もし、これからの経営に必要なことは何か、と問われたなら、私は躊躇《ちゅうちょ》なく、メンバーに創造的瞬間を体験するチャンスを与えることだと答えたい。

終章　新たなパラダイムシフト

●スピードと顧客満足に対する考察

そもそもMI21パートIのアンケート調査の結果を受けて、本書は刊行された。ここで一つ、言い訳がましいことを言っておく必要があると思う。それは、抽出された三つのキーワードのうち、本書のテーマとなっている「アンビション」は、アンケート結果の拡大解釈であるという点だ。実際のアンケート結果では、「イノベーション」「クリエーティブ(創造力)」という言葉で表されている。アンビションとは、かなり恣意《しい》的な解釈であるともいえる。そうした解釈を行った理由は、創造力を発揮し、イノベーションを起こすためには、本書でいうアンビション＝柔らかい戦略がぜひとも必要であると主張したいからだ。この点についてはお許しを願いたい。

私たちは、「アンビション」というキーワードを軸として、あるいはテコとして、パラダイムシフトの先にある新時代にあって、企業にとっていかにマーケティング戦略が重要なものかを説き、ではいかなるマーケティング戦略が有効なのかを提示したいと考えた。

本書には6人のマーケティング研究家の考えを収録している。それぞれに示唆に富む内容であり、また、全体として一つの論理を展開してもいる。本章では、その論理を改めて確認していきたいと考えている。

その前に、アンケート結果から導き出されたキーワードについて、見てみたい。

実際のキーワードでは、圧倒的に「スピード」が支持された。次いで「イノベーション」「クリエーティブ」「グローバル化」「顧客満足」と続く。

確かに、現代にあって、スピード経営は重要だ。ビジネス環境は大きく、そして音をたてて変化を続けている。グローバルスタンダードの波と、IT革命がそれに拍車をかけたことは言うまでもない。こうした状況下にあって、企業はあらゆる機能側面においてスピードの加速が要求されている。生産のスピードアップ、開発のスピードアップ、会計処理のスピードアップなどなどだ。そのために、戦略的なアウトソーシング、各種のアライアンス、M&A、情報共有化などの手法が日本でも加速度的に一般化している。しかし、どうやら一つだけ改革が遅れているものがある。それは経営の意思決定のスピードだ。どのような方策を採ろうとも、意思決定が遅れれば何の意味もない。

では、スピーディな意思決定には何が必要か。それは経営者、あるいは経営陣のリーダーシップ、リスクテイクの姿勢、課題発見を迅速化するメカニズム、そして何よりもアンビジョンだろう。中でも経営者がリーダーシップを発揮し、変革のイニシアチブを取るには、経営者がいかに情報を持っているかということが問われる。経営者が顧客から、事業の現場から、社員一人一人から隔絶され、取り巻きという情報のフィルターを身にまとっているようでは、経営者のリーダーシップが発揮されるわけもないし、ましてやアンビションを持つこともできない。アメリカの成功企業の経営者がそうであるように、現場を重視した歩き回る経営者でなければいけない。顧客を熟知し、現場を熟知する経営者でなければならない。

次に重要なキーワードとして、「顧客満足」がある。誰もが、顧客満足の優先、顧客第一主義を掲げる。しかし、実はこれは大変に意味深長な言葉だと思う。なぜか。

第一に、顧客にとっての価値を最大化することは、そもそも企業活動の命題であり、わざわざそうしたキーワードを重視するというのは、企業としておかしな話だという点だ。

第二に、ところが顧客満足の追求は、企業の利潤動機とは相反するものであり、顧客満足を最大化すれば、自ずと企業利潤は最小化し、企業の存続すら怪しくなるという点だ。

そして最後に、ステークホルダーの関係でいえば、顧客満足の追求は、株主価値経営と相反する可能性を有しているという点である。

そのため、「顧客満足」の追求とはどこまでを目標とするのか、詳細な検討をする必要があり、単なるお題目として掲げるとするならば、意味がないどころか、マイナスの要因にすらなりかねないと思えるのである。

●アンビションとは十分に戦略的なビジョン

アンビションは、「柔らかい戦略」の中心コンセプトと定義された。柔らかい戦略とは、アンビションを具体的に実行する組織の構成員が、その方向性の下に自らが何をやるべきかを容易に想像ができるほどに戦略的な、いわばビジョンを意味する。さりとて、やるべきことが事細かに規定されるほどに硬くはない戦略だ。個々人、あるいはチーム、あるいは事業会社ごとの独創性を発揮する余地が残された戦略である。戦略とはそもそもそういうものだという声も聞こえてきそうだ。言い換えれば、お題目で終わらない、十分に戦略的なビジョンを示せということになる。そうしたビジョンを旗頭に、組織は自律的に戦略、さらに戦術を立案し、実行することが期待される。組織の構成員が、独創性を発揮せず、自律的、あるいは主体的に考え、動かない会社は、時代に取り残されるということを意味する。

そのため、アンビションは戦略的であるのみならず、組織の構成員、さらに顧客の頭に、そのゴールを明確にイメージさせるだけのメタファーを伴わなければいけない。情報ハイウエイと言った場合の「ハイウエイ」、スピルバーグのような人材を育てるといった場合の「スピルバーグ」、あるいはマーチン・ルーサー・キング牧師の演説に登場する「未来の子供たち」がそのメタファーだ。

そうしたアンビションを明確化し、またそれを広め、説明し、あるいは実行に移すためには、今後ますますマーケティングの存在が重要になる。

マーケティングとは、企業と顧客との関係性を築くためのノウハウだということがいえる。そして、マーケティングの最大の役割は市場開拓・維持であるから、企業がパートナー、あるいは良きアドバイザーとして顧客の課題を解決するソリューションを提供し、さらに顧客に夢を与えることが重要になるのだ。

●顧客志向におけるパラダイムシフト

そのために今重視されるべきマーケティングの方法論は、相も変わらずワン・ツー・ワン・マーケティングであると言え、ブランド構築のための方法論だと思われる。顧客一人一人のブランド・ロイヤルティを最大化するために、ワン・ツー・ワン・マーケティングを実践すると言えばいいだろうか。

前提として、顧客志向のパラダイムシフトを吟味しなければならない。

従来、顧客志向は大いに誤解されていた節がある。多くの企業の担当者は、公表された統計データや、おざなりのアンケート調査の結果を後生大事に神棚に上げていた。そうしたリサーチでは、そもそも顧客のことなどわからない。ましてや現在では、インターネットなどを通じて、消費者は大いに情報武装をしている。企業と消費者の情報格差は縮まり、しかも、今まで物言わぬ存在であった消費者は、生活者として、積極的に意見を述べ始めてもいる。

企業がスケールメリットを追求し、顧客を顧客基盤という一塊で論じている間に、つまりは顧客との関係性に関して手を抜いている間に、顧客は賢く、そして複雑になり、その結果市場は細分化され、ものすごい速さで変化を繰り返している。

成熟化社会にあって、商品の多くがコモディティ化している中で、もはや単体としての〝モノ〟では、顧客価値を上げることが容易ではなくなってしまった。

そのため、たとえば五つの階層を順繰りに探り、顧客の深層心理にある隠れたニーズを拾い上げ、顧客の期待を上回る感動を提供することが重要になっている。さらに、システム経済性といわれるニーズの広がりをとらえ、ソリューションを提供することが企業の命運をわけるキーともなっている。

こうした段階において重要な顧客志向とは、顧客を選別し、優良顧客に対してあらん限りの価値を提供するとともに、先端的な顧客を企業、あるいは事業のパートナーとしてとらえ、積極的に対話し、顧客の知識を吸収し、さらに正社員、あるいはある意味でアウトソーサーと位置づけ、商品企画や商品開発にまで参加させる姿勢を指していう。

顧客と対峙する形での顧客志向を即刻改め、顧客をパートナーとして味方につけるためのマーケティング戦略を展開する必要があるのだ。

そして企業は、常に顧客にとってのイノベーションに挑戦し続けなければならない。

●IT革命＝インターネット革命

ＩＴ革命は、インターネット革命と同義語とされる傾向がある。インフォメーション・テクノロジーではなく、インターネット・テクノロジーというわけである。それほど、インターネットの普及は私たちの生活、そしてビジネスに影響を及ぼしている。もはや企業活動は、さまざまな意味でインターネット、さらに現状ではモバイル（ケータイ）なくしては成立し得ない。

マーケティングも同じだ。マーケティング戦略において、インターネットほど重要なツールはかつてなかったといえる。インターネットは企業のみならず消費者、あるいは生活者の情報収集、自律、積極的発言を容易にし、その傾向を助長している。

インターネットは、消費者が顧客という立場からビジネス活動にすら参加する術《すべ》を与えている。

企業は、ウェブサイトブログなどをいかに活用し、顧客と対話し、意見や知識を吸収し、また効果的な広告宣伝活動を展開し、顧客に対してサービスを提供し、ブランドを構築するかが問われている。もちろん、ＥコマースやＢ to Ｂのネットワークの構築もインターネットの得意技だ。ここで注意すべき点は、インターネットは確かにリアルを持たないバーチャルカンパニーのビジネスをも可能にするが、その本領を発揮するのはむしろ、古い言葉ではあるが、クリック&モルタルの世界だという点だ。すなわち、リアル（Ｒ）のビジネスとバーチャル（Ｖ）のビジネスの両方を展開し、Ｒ↓Ｖ↓Ｒ↓Ｖという連鎖反応で顧客にとっての企業の付加価値を高めていくことが得策なのだ。

戦後といえば湾岸戦争の後を指す時代になったと同じように、もはやA.D.・B.C.は歴史上の時代区分に過ぎず、A.I.、B.I.、すなわちアフターインターネット、ビフォーインターネットという時代区分のほうが現実的なほど、インターネットの登場と普及は画期的なことであった。

●メガブランドがなし得た奇跡

過去においてさまざまなブランドが登場した。その中で、メガブランドがなし得たことは、あたかも宗教と同じように、〝信者〟の創出といえる。そこには、類稀《たぐいまれ》なマーケティング戦略が繰り広げられた。コカ・コーラをはじめ、アメリカそのものを象徴するブランドというものが存在する。しかし、日本にはかつて日本を象徴するブランドは存在していない。

そうしたメガブランドと普通のブランドの差はなんであろうか。普通のブランドがモノやサービスを通してスタイルを訴求しているのに対して、メガブランドはスタイルやシーン、夢の実現の中にモノを位置づけている。メガブランドには間違いなくアンビションがあり、歴然としたメタファーが存在する。そうしたブランドは、炭酸飲料の中のコカ・コーラと同じように、コモディティ化とは無縁の存在となれる。

かつて40年以上前、日本において「二つの赤い丸」という流行語が存在した。これは、コカ・コーラとラッキーストライクを表している。日本においてすら、これらのブランドは憧《あこが》れとしてのアメリカを象徴しているのだ。

こうしたブランド構築は、顧客との関係性の構築においても、最も有効なマーケティング戦略の成果であることは言うまでもない。しかも、稀有《けう》な例として、アンビションのはっきりとしたメガブランド商品、コカ・コーラやハーレーダビッドソンなどは、すでに顧客にソリューションを提供する存在として完結している。ハーレーダビッドソンならば、わざわざ「モノより思い出」などというキャッチフレーズを展開する必要もない。スノッブな、あるいはエスタブリッシュメントな、先端的な消費者は、勝手に用途を考案し、自分なりのスタイルを決め、自らの生活の課題を解決している。そうした場合には、むしろ下手に戦略を変更してはいけない。新しい意味付けなどに挑戦してはいけない。ニュー・コークに対する嵐のようなクレームがそれを物語っている。

●用意周到なドリーマーが求められる

セオドア・レビットは、製品価値ではなく、顧客価値を軸として事業を定義し直せと主張した。もっともな主張だ。しかし、これは難しい。たとえ鉄道会社が自らを輸送産業と見なしたとしても、急に航空産業に参入できるわけもない。それまで営々と築いてきたさまざまな経営資産や顧客基盤は、変革においてはむしろ邪魔になる場合もある。大量の営業員を抱えているのに、事業の軸を簡単にEコマースに転向するわけにもいかない。

そこで重要な点が三つある。

一つは、事業を三つのレイヤーにわけて構築することだ。既存事業、新規事業、そして投資的事業である。投資的事業は企業の将来の価値のために行う研究活動のようなものだ。これは中央研究所での基礎研究とは趣が違う。あくまでもマーケティングを主体として展開する事業なのだ。

二つは、アライアンスを活用するということ。たとえば鉄道産業ならば、トラック便の会社やレンタカー会社などと提携する。

そして三つが、すべてを捨てて新しいものに飛びつくのではなく（誰もそうしようとは思わないから、苦労するのだが）、クリック＆モルタルと同じように、あるいはプリウスに倣ってハイブリッドというものの考え方をする。今ある経営資産を活かす取り込み方を考えるのだ。たとえばセブンドリーム・ドットコムのようなコンビニエンスストアの考え方もそうだった。既存店舗網を活かし、そこで代金回収や商品受け取りを行うというシステムをEコマースに持ち込んだ。アスクルもそうだ。既存の流通システムをクリックスの世界に持ち込むことで、かえって顧客のニーズを満たしている。

つまり、前もって準備すること、どんなに革新的な事業領域であろうとも既存の経営資源を活かす方向を考えること、そして、自前主義を捨てて自社にない強みを積極的に外部に求めること。

このどれを取っても、当然、付け焼き刃ではないしっかりとした戦略が必要なことは言うまでもない。まさに、経営の専権事項としてのアンビションが必要とされるのだ。経営者の仕事は、マネジャーとしてではなく、ドリーマーとして、アンビションを発動することだけと言ってもいいほどだ。

そして、ドリーマーは経営者だけでいいのではない。経営トップから現場に至るまで、コア人材はすべからくドリーマーでなければいけない。もちろん会社経営には、あるいは運営にはマネジャーも必要だ。だから、ドリーマーとマネジャーの組み合わせが最も有意義なのだ。

ドリーマーは、プロシューマーとして顧客とともに成長し、自らも生活者としてマーケティング活動を行う。そして、顧客をリードする存在となるべきなのだ。

●リンゴの木をみつけなければいけない

アンビションは、組織の求心力となるとともに、顧客に対するプロパガンダの意味を持つ。そうしたアンビションを得るには、必然と偶然の両方が必要だ。アンビションに至る確固とした意志、あるいは意図（必然）が、偶然を呼び込むのである。その瞬間を「創造的瞬間」と石井氏は呼んだ。そして、茫漠《ぼうばく》とした志向が創造的瞬間によって、確信的な意図に変わるため、アンビションと創造的瞬間、両方の成立が両方にとって不可欠だと説明していると解する。天から啓示が降りてきたようなものだ。しかし、同じ光景を見ても、同じ言葉を聞いても、問題意識があるとないとでは、常識をリセットできるのとできないのとでは、答えは180度違ってしまうと思える。

これは、グローバルスタンダードのものの考え方とはかなり様相が違う。アメリカが輸出したと言っても過言ではないグローバルスタンダードは、線形の理論に支えられ、要素還元法に則《のっと》った分析手法によって戦略が練られてきた。すなわち、有機的な事象や事情、人間性などを無理やり計算可能、還元可能な図形に落とし込むようなものだ。確かに、これは有意義な方法だ。ミッションツリーはさまざまな問題を発見して、あるいはその解決策を探るに当たって、有効な世界観であろう。しかし、アンビションに支えられて、「跳ぶ」ためには、要素還元的なものの考え方は何の役にも立たない。

それには複雑系でいうところのホーリスティックなアプローチを必要とする。分析するのではなく、全体を見るのである。いかなる先入観をも封じ込め、素直な気持ちで全体に身を委《ゆだ》ねる。そんなときに何らかの光景を目撃する。言葉を聞く、悟る。そうした創造的瞬間から得られるメタファーは、自然と封じ込めた知識や問題意識を触発し、頭の中の引き出しを開け、必要な、関連する情報を並べ替えてくれるはずだ。

さらに、創造的瞬間に出会うためには、産業とはいわないまでも、事業の定義は常に疑うことが重要だ。事業の定義を疑うということは、突き詰めれば顧客や自社の経営資源、コア・コンピタンスさえも疑わなければいけないということを意味する。今までの競争力の源泉そのものを、頭の中で一度白紙に戻す行為が必要になるわけだ。

そうした状況の中で、我々は何に頼るべきなのか。それは、「人と人との協同の意欲」

なのかもしれない。誰かと一緒に何かをやりたいという気持ちが、ビジネスを創り出していく。そうした関係性がビジネスの性質や方向性を決めていくという側面は重要だ。人と人との出会いが、創造的瞬間をもたらし、アンビションをもたらし、新しいニーズ、新しいビジネスを定義してくれる。すなわち、必然ではなく、「偶有性」「偶発性」、つまりは「偶然」に多くを期待すべき時代なのだ。

パラダイムシフトの中身をあえて説くならば、「必然の発想から偶然の発想へ」となる。偶然の発想を持つ、そのために、人と人との出会い、あるいは場と場との出会いを重視する姿勢は、顧客との関係においても貫かれるべきものだ。その意味においてのみ、顧客志向は成り立つ時代だともいえる。

必然ではなく、ちょっとした結びつき、偶然の出会いが新しい発想、連立、ビジネス展開を生み出していく。インターネットの時代になって、こうしたことはことさら取りざたされている。確かに、そうした可能性がインターネットによって広がったといえるが、振り返ってみれば、セオドア・レビットを引き合いに出すまでもなく、マーケティングが本来持っていた使命であったと思う。つまりは、偶有性を得る創造的瞬間を導くためにもマーケティングは重要であり、しかも、そこから導き出された発想を必然に変えるという使命がマーケティングにはあるといえるわけだ。

ニュートンは木から落ちるリンゴを見て万有引力という発想を得たが、一般的には、最も創造的瞬間を生むのは、光景よりも言葉、観察よりも対話においてであると思う。だから、人との出会い、場との出会いが重要なのである。

いつもの場所で落ち着き、いつもの人との会話ばかりを楽しんではいないだろうか。生活者の代表として仕事をしているであろうか。

常に顧客の立場に自分を置いているだろうか。

夢を見ているであろうか。それは、誰よりも素敵《すてき》な夢だろうか。

恋人が、あるいは奥さんが、子供たちが、お父さんやお母さんが何に満足するか、何に困っているかを知っているだろうか。

常識ほどこの世にたくさんあるものはない、ということを知っているだろうか。

果たしてあなたは円の外に点が打てるだろうか。

それよりも何よりも、本当に楽しんで、やり甲斐《がい》を持って仕事をしているだろうか。

こうした質問を、平社員から経営者に至るまで、自問自答してほしい。

●大志を抱いた少年に戻ることの意味

私たち現代人は、要素還元法と呼ばれる線形の理論に慣れ親しんでしまった。確かに、この手法は重要だ。MBA（的教育）の重要性が叫ばれる。ロジカル・シンキングや財務や税務をはじめ、さまざまな理論という名の知識が必要とされる。

しかし、アンビションはロジカル・シンキングでは導き出されない。いくらミッションツリーを駆使しても、新たなアンビションには到達しない。アンケート調査や統計手法の先にもアンビションはない。アンビションはあたかも哲学のようなものだ。ホーリスティックなアプローチ、あるいはアフォーダンス理論のようなアプローチによって、インスパイアされるものだ。ロジカル・シンキングや財務的なアプローチなどは、得られたアンビションを吟味し、ブレイクダウンし、戦略化するために重要なのである。

ただ、唯一マーケティングだけが、ホーリスティックにも要素還元法的にも応用できるものなのである。人口統計などさまざまなデータを駆使して出店計画を練るのもマーケティングなら、素敵なキーワードをみつけて消費者に夢を与えるのもマーケティングだ。その意味では、マーケティングは経営の根幹にあるものなのだ。

不景気が長引き、縮小均衡やリストラ、もう一段のコスト削減が必要な厳しい状況下では、得てしてマーケティングよりも、財務的なアプローチが主役に躍り出る。それはそれで正しい。しかし、縮小均衡から脱し、新たな成長戦略を描くためには、夢を見る力、すなわちマーケティングが重要になる。

誰の言葉かは定かではないのだが、好きな言葉に、「理性的であるということは、本当に理性的なことであろうか」というものがある。

理性的であろうとすると、ややもすると慎重になりすぎ、現状から踏み出そうとしなくなる。しかし本来は、理性的であればあるほど、時として大きなジャンプをするべきという結論を得るはずなのだ。理屈ではジャンプなどできない。その先にある未来を夢見ることでしかジャンプなどできようはずもない。レビットのいうブルースカイを求めて。

まさにボーイズ・ビー・アンビシャス。言い換えれば大志を持つことが当たり前だった少年に戻れということなのだ。

補足資料

「マーケティング・イノベーション21プロジェクト」の概要と調査結果

「マーケティング・イノベーション21プロジェクト」の概要

社団法人 日本マーケティング協会 教育研究開発本部シニアアドバイザー 藤武喜久治

●「マーケティング・イノベーション21プロジェクト」発足の動機と背景

日本マーケティング協会（JMA）が、新しいマーケティングのあり方について議論すべき時に来ていると考え始めたのは、1990年代前半である。当時日本は、バブル経済の崩壊によって、企業を取り巻く環境が著しく変化した時期である。それまでに行ってきたマーケティング手法の効果に疑問が持たれ、多くのマーケターは新たなパラダイム、新たなマーケティング手法を模索していた。そこで、弊協会は機関誌『マーケティング・ジャーナル 1992年43号』において、「2000年のマーケティング」という特集を組み、マーケティングの研究者にそれぞれの考える21世紀のマーケティング像について寄稿してもらった。そこでは、今日、マーケティングの主要な課題となっている「顧客との関係性（カスタマー・リレーションシップ）」を、長期的に創造・維持することが、これからは重要であるという指摘がなされた。

１９９０年代後半になると、環境の変化はさらに激しくなり、また変化の質も違ってきた。特に、情報技術の進展により、電子商取引の台頭など、今まで想像もできなかったようなビジネスモデルが登場した。市場のグローバル化が進み、地球環境への対応やサービス経済化も顕著になってきた。こうした中で、１９９８年４月には世界マーケティング会議が「ニューマーケティング２００１、創造と革新を求めて」というテーマで東京において開催され、21世紀のマーケティングを考え直そうという気運がさらに高まった。

そこで、ＪＭＡは１９９９年12月に、研究者や実務家で構成するプロジェクト・チームを編成して、この問題に正面から取り組むことにした。

●プロジェクトの目的とメンバー構成

プロジェクトの目的は、かつてない企業環境の変化に対応する新しい21世紀型マーケティングの姿を探ることであった。プロジェクトの名称は、「マーケティング・イノベーション21（通称ＭＩ21）」とした。研究方法は、まず、経営トップである社長を対象に「経営課題に関する経営者意識調査」を実施し、現在および将来の経営課題、マーケティングをどのように捉《とら》えているかを把握した。そして、その結果から21世紀型の新しいマーケティング像を浮かび上がらせ、提言を行った。

プロジェクト・チームは、マーケティング研究者だけでなく実務家を加えて産学共同とした。研究者は別々の大学から6名、実務家は別々の企業から9名、合計15名で構成することになった。MＩ21の全体的なコーディネーションは代表として慶應義塾大学大学院経営管理研究科（当時）嶋口充輝教授にお願いした（メンバーリストは、173ページの表参照）。

●調査・報告プロセス

1999年12月にMＩ21を立ち上げ、まず、プロジェクトの目的を達成するために、経営トップを対象にどのような調査を実施すべきか、プロジェクト・チームで約半年を掛けて徹底的に検討した。アンケート調査の質問内容も、複数回のミーティングで決められた。

調査票は2000年7月に弊協会会員企業596社と非会員1847社（東証1部、2部、他）、合計2443社に郵送した。アンケートの回答は、部下に任せず、経営者自らが行うようお願いし、8月末までに390社からの回答が集まった。

2000年末には、基本集計、特別集計も出揃い、その後2001年6月まで、プロジェクト・チームで分析、読み取り、解釈を行い、次に述べる「21世紀型マーケティングの三つのキーワード」を抽出した。

MI21プロジェクト報告書は2001年6月にまとめ、その内容をプレスリリースして大きな反響を得た。本書の出版も、MI21プロジェクトの活動の一環である。また、2002年2月には、本書の著者による「21世紀マーケティングの展望」と題したシンポジウムを開催した。これらの活動を通して、マーケティング界に「21世紀マーケティング革新」の手がかりとなる一石を投じ得たと自負している。

●その後の研究

MI21の研究は、今もなお継続中である。2004年に開始したMI21パートIIのプロジェクトは、マーケティングに関する一段踏み込んだ調査を行うために、企業のトップではなく事業部門のトップへの質問票調査を行った。この調査では、「マーケティング・リテラシー」「ブランドの光と影」「アウトソーシング」といったテーマについて提言を行った。研究の成果は、2005年6月に「21世紀成長の条件：マーケティング・パワーの強化にむけて」と題したシンポジウムを開催して発表した。また、「マーケティング・リテラシー」に絞った研究成果は『マーケティング優良企業の条件　創造的適応への挑戦』というタイトルの書籍にまとめた（日本経済新聞出版社刊）。

現在は、MI21パートⅢのプロジェクトがスタートしている。これまでの研究成果を土台としつつも、新たな視点を加えて、マーケティングに携わる実務家にとって示唆に富む内容を提言したいと考えている。

MI21プロジェクト委員会メンバー

慶應義塾大学大学院	経営管理研究科教授	嶋口 充輝
神戸大学大学院	経営学部教授	石井 淳蔵
明治学院大学	経済学部教授	上原 征彦
早稲田大学	商学部教授	恩藏 直人
東京大学	経済学部教授	片平 秀貴
一橋大学大学院	国際企業戦略科教授	竹内 弘高
サントリー㈱	常務取締役経営企画本部長	青山 繁弘
NTTコミュニケーションズ㈱	取締役経営企画部長・ ヒューマンリソース部長	網谷 駿介
㈱ボストン・コンサルティング・グループ	日本代表	内田 和成
味の素ファルマ㈱	経営企画本部部長	梅田 悦史
㈱電通	P&D局広告環境研究部部長	岡本 慶一
㈱リサーチ・アンド・ディベロプメント	代表取締役副社長	近藤 光雄
日本電気㈱	宣伝部長	定森 悠
日本放送協会	顧問	芳賀 譲
凸版印刷㈱	経営企画本部 グループ戦略部部長	広村 俊悟

※所属は2001年10月1日現在

「マーケティング・イノベーション21プロジェクト」の調査結果が示す新しいマーケティング

武蔵大学経済学部准教授　黒岩健一郎

●三つのキーワードの根拠

ＭＩ21パートⅠの調査結果をさまざまに分析することで浮かび上がってきた現代のマーケティングに不可欠なキーワードは、「アンビション」「スピード」「顧客満足」の三つであった。ここでは、これらのワードが抽出された根拠を一つずつ説明しておこう。

第一に、高収益企業と低収益企業とを分ける要素の一つは、経営政策への積極性であることがわかった。高収益企業は、自社を取り巻くさまざまな経営課題に果敢に取り組んでいたが、低収益企業の取り組み方は、非常に消極的であった。また、高収益企業ほど、長期的視野を持ち、未来志向で、研究開発などの将来へ向けた投資に重きを置いていた。すなわち、短期的な課題にとらわれず、長期的な視野を持ち、その設定した方向に向かって積極的に取り組んでいくアンビシャスな企業が、今後は成長していくと解釈できた。

第二に、多くの経営者は、スピードを非常に重要視していた。100％に近い経営者が、スピードは競争優位の絶対条件と認識しており、経営者はスピーディに意思決定を行わなければならないと考えていた。また、先端技術の急速な変化への対応スピードも不可欠と認識していた。一般的に、日本企業は「決めたら速いが、決めるまでが遅い」と言われる。オペレーションは、欧米を凌《しの》ぐ速さだが、意思決定に時間がかかる。今回の調査では、経営者は意思決定も迅速にする必要があると考えていることがわかった。つまり、技術の進歩が速く、将来の予測が非常に難しい昨今の状況では、練り上げた経営計画を策定するよりも、変化する環境にスピーディに対応していくことの方が有効と考えられているのである。成功体験にとらわれず、常に創造的破壊を続けて学習していく柔軟な企業が、これからは生き残るのである。

第三に、顧客満足もまた、経営者に重視されていた。彼らは、顧客を取り込まないと生き残れないと考えており、実際に顧客満足の向上策に取り組んでいた。また、経営者は、マーケティングに対し、競争優位の確立と顧客満足の実現を求めているが、高収益企業は顧客満足を優先しており、低収益企業は競争優位に気を取られているという結果も見られた。前者は他社との競争に勝っても、顧客から満足されなければ本当の勝利とは言えないと考えているのだろう。すなわち、自社と競争相手との差に着目する「相対的競争優位」から、自社がいかに顧客満足を向上させ続けることができるかに着目する「絶対的競争優位」への転換を意味している。

これらの調査結果を統合すると、新しいマーケティング像は、かつてのように「経営課題の中心に市場シェアの拡大を置き、そのための政策に慎重に時間をかけて計画し、社内のコンセンサスを固め、主に営業努力によって漸進的に進めるプロセス」とは大きく異なるようだ。これからの新しいマーケティングとは、「大きなアンビションのもと、経営課題の中心に常に顧客（満足）を置き、そのための政策をスピーディに計画・実行するプロセス」ということになると考えられたわけである。

●マーケティング・リテラシーの重要性

次に、ＭＩ21パートⅡのプロジェクトで大きなテーマとして浮かびあがってきた「マーケティング・リテラシー」について、若干の説明をしておきたいと思う。

ここで提示する「マーケティング・リテラシー」とは、市場情報を活用できる能力を意味する。端的な例は、顧客のニーズの変化を察知して製品を改良したり、競合他社が始めた新しいサービスを素早く模倣したりすることだ。厳密に定義すると「現在と将来の顧客ニーズに関する市場知識の全組織的生成、部門間でのその知識の普及、そしてその知識への全組織的反応」となる。

マーケティング・リテラシーには、三つのプロセスがある。第一のプロセスは、市場情報の生成である。典型的な方法は、市場調査だ。顧客のニーズを探索したり、既存製品に対する競合製品の優位性を分析したりするときには、まず市場調査を実施するだろう。新製品を開発する場合にも、グループ・インタビューや観察などの調査が利用される。

市場調査だけが情報把握の方法ではない。営業担当者や顧客相談窓口からも市場情報は把握できる。サービス業では、顧客接点にいるスタッフ全員が市場情報の把握機能を担っている。

把握された情報は、蓄積され分析される。そして、組織にとって意味のある情報へと変換される。第一のプロセスを市場情報の「生成」と呼んでいるのは、単に「把握」するだけではないことを示したいからである。把握された多くの情報から重要な情報を抽出したり、情報と情報を掛け合わせて新しい情報を生み出したりすることも含まれている。

次のプロセスは、市場情報の普及である。市場から集められた情報は、多くの場合、特定の個人や部署に蓄積される。それは市場調査部門であったり、営業担当者であったりする。それら情報は、経営者に伝わってはじめて経営方針に反映される。同様に、新製品を開発するには、そのプロセスに関わる多くの他部門にも情報を届ける必要がある。そこで求められるのは、生成された情報を組織全体に広める活動である。典型例は、情報システムや公式な会議、非公式な会話などだ。

そして、最後のプロセスは、市場情報への反応である。市場から情報を集めて分析し、その情報を組織全体に伝達できたとき、いよいよ組織はその情報に対して適切な行動を起こすことになる。いかに良い情報を生成し普及させることができたとしても、その情報に反応することができなければ意味がない。具体的には、苦情への対応や製品改良、価格の変更など、さまざまな反応形態がある。

こうした手順を踏むマーケティング・リテラシーは、決して大ヒット商品を約束するものではない。しかし、ヒットの確率は確実に高めてくれる。逆に言えば、大ヒット商品を出した企業だからといって、マーケティング・リテラシーが高いとは限らない。その大ヒットは偶然だったかもしれない。マーケティング・リテラシーが低ければ、その製品の寿命は短いだろう。他社の模倣やニーズの変化に対応できないからだ。

マーケティング・リテラシーは、顧客満足にも良い影響を与えることは容易に想像がつく。過去の研究では、マーケティング・リテラシーが高い企業の顧客は、満足度が高いことが示されている。

マーケティング・リテラシーは、スピードにも強い影響を与える。市場情報が素早く正確に把握されれば、意思決定もスピーディに行われるようになるだろう。また、市場情報がスムーズに組織内に普及すれば、行動も早く行われるだろう。すなわち、意思決定のスピード、オペレーションのスピードの両方に良い影響を与えるわけだ。

このように、マーケティング・リテラシーは、新しいマーケティング像を実現するための能力とも言えるのである。

実際、MI21パートIIの調査でも、マーケティング・リテラシーの高い企業は、低い企業よりも利益の伸び率が高い傾向が見られた。また、新製品の成功率も高かった。さらに、売上高に占める過去3年に発売された製品の比率も高かった。これは、昔から発売している定番製品に頼っているわけではなく、継続的に新製品が売れていることを示す。いわば3割打者の証《あかし》であると言える。

●マーケティング・リテラシーにおける経営者の役割

マーケティング・リテラシーを高めるためには、経営者のリーダシップも欠かせない。MI21パートIIの調査サンプルを使って、経営者の市場環境認識および事業目標・理念がマーケティング・リテラシーに与える影響について分析してみると、いくつかの傾向が浮かび上がった。

第一に、経営者が「顧客ニーズの変化が速い」と認識している企業ほど、マーケティング・リテラシーが高かった。経営者のそのような認識が具体的な行動にも表れているのだろう。おそらく、顧客ニーズの探索に資源を配分しているはずである。

第二に、経営者が意思決定の際に情報を重視する企業ほど、マーケティング・リテラシーが高かった。経営者が情報を重視していれば、部下たちは情報を用意せねばならず、情報の把握や分析に注力しているのだろう。

第三に、経営者が個々の顧客への対応を重視する企業ほど、マーケティング・リテラシーが高かった。顧客への対応は、それ自体が市場情報の把握の機会になり、かつ同時に市場情報への反応でもある。顧客相談窓口の充実や営業マン・サービススタッフの研修などに投資している可能性が高い。

第四に、経営者が新製品開発を重視する企業ほど、マーケティング・リテラシーが高かった。市場調査に時間や資金をかけているのであろう。

このように、経営者が何に重きを置いているかで、マーケティング・リテラシーの水準は決まってくる。市場情報を重視する企業風土を育むためには、経営者自身が市場情報の重要性を認識して、日頃の業務の中で強調していくことが必要だろう。

本書は二〇〇一年十一月に角川ｏｎｅテーマ21より刊行された『柔らかい企業戦略――マーケティング・アンビションの時代』を大幅に加筆・修正し、タイトルを改めたものです。

嶋口充輝
法政大学経営大学院教授。日本マーケティング協会理事長。

石井淳蔵
流通科学大学学長。

上原征彦
明治大学大学院教授。

恩藏直人
早稲田大学商学学術院教授。

片平秀貴
丸の内ブランドフォーラム代表。

竹内弘高
一橋大学大学院教授。

マーケティング・アンビション思《し》考《こう》

嶋口充輝《しまぐちみつあき》　石井淳蔵《いしいじゅんぞう》　上原征彦《うえはらゆきひこ》
恩藏直人《おんぞうなおと》　片平秀貴《かたひらほたか》　竹内弘高《たけうちひろたか》

二〇〇八年十一月十日　初版発行

発行者　井上伸一郎
発行所　株式会社角川書店
〒一〇二―八〇七八
東京都千代田区富士見二―十三―三
電話／編集　〇三―三二三八―八五五五

発売元　株式会社角川グループパブリッシング
〒一〇二―八一七七
東京都千代田区富士見二―十三―三
電話／営業　〇三―三二三八―八五二一

http://www.kadokawa.co.jp/

編集協力　赤城稔
装丁者　緒方修一（ラーフイン・ワークショップ）
印刷所　暁印刷
製本所　BBC

角川oneテーマ21 C-160

ISBN978-4-04-710164-7 C0295

角川oneテーマ21

C-153
政権交代の法則
——派閥の正体とその変遷
草野　厚
政権交代はどのようにして起きるのか？　そして戦後政治において本格的な政権交代が起きなかった理由とは？　民主政治のあるべき姿とは？

C-146
投資信託主義
——時間と資産の正しい法則
藤沢久美
現代にふさわしいお金の使い方とは？　投資信託の第一人者が、正しいファンド選びや投資セオリーの検証を通して豊かな人生の築き方を教えます。

B-108
デキる人は説明力をこう磨く
日本語力向上会議
心のこもった説明で気持ちよく納得してもらうための技術を磨く。ちょっとしたテクニックで、相手に信頼され、真剣に話をきいてもらえるようになる。

C-144
裏読み「会社四季報」
秋津　学
投資のバイブルとして重宝される「会社四季報」。儲からない読み方を捨て、データの裏側にある重要な情報を摑むための必勝テクニックを徹底伝授。

C-142
ハンバーガーの教訓
——消費者の欲求を考える意味
原田泳幸
赤字経営に陥っていたマクドナルドをわずか一年あまりで黒字に転換させ、ユニークな試み、新商品を連発し、大躍進を続ける秘密をすべて公開する！

A-75
戦後日本は戦争をしてきた
姜　尚中
小森陽一
日本は一度として「平和国家」だったことはない！　誰も語らなかった「日本の戦争」が、いまここに明かされる。論客による知恵と情熱が交錯する白熱の対談！

A-74
ニッポンを繁盛させる方法
島田紳助
東国原英夫
日本という「商店街」に再び行列を作れ！　政権交代、憲法九条、景気回復……。日本が元気になることを願い、ふたりの論客が大激論！　日本のシャッターを開ける！